ERSTE HILFE FÜR ARCHITEKTUR STUDENTEN

IAIN JACKSON

avedition

EINLEITUNG

Dieses Buch wird Ihnen helfen, sich, auch mittels Ihrer Zeichnungen, klarer und verständlicher auszudrücken. Jede Seite vermittelt überlebenswichtige Tipps zu den Grundlagen der Architektur. Sie sollten diese Ratschläge, Grundsätze und Orientierungshilfen bei eigenen Entwürfen beherzigen. Allzu oft verwenden Architekturstudenten während Korrekturen (oder Prüfungen) zu viel Zeit darauf, ihre Ideen von Grund auf zu erklären und Fehlinterpretationen auszuräumen. So bleibt wenig Gelegenheit, über die eigentliche architektonische Leistung und Inhalte zu reden. Vermeiden Sie grundlegende Fehler bei der grafischen Umsetzung und Flüchtigkeitsfehler, die von Ihren guten Entwürfen ablenken.

Hauptanliegen dieses Buches ist es, Ihnen bei Ihren Übungsentwürfen behilflich zu sein und Sie zu befähigen, Ihre Ideen besser zu formulieren und zu kommunizieren. Der Großteil dessen, worum es hier geht, ist ganz alltäglicher Lehrstoff in Architekturstudiengängen weltweit. Nutzen Sie es als Gedächtnisstütze vor Seminaren und Korrekturen, dann können Sie sich künftig der weitaus spannenderen Aufgabe widmen, Räume zu entwerfen und mühelos darüber zu reden.

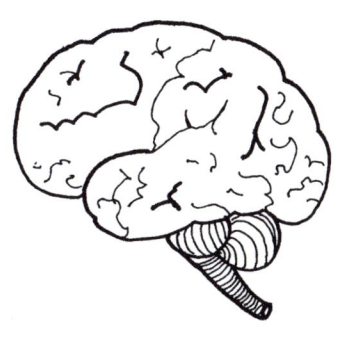  

I LOVE YOU GOT TO GO

all that
scratchin

is makin me itch

AUGEN
AUF

WERDEN SIE ZUM FORSCHER/ STÄDTEBUMMLER/FLANEUR

1 Kopieren oder downloaden Sie eine Karte Ihrer Wohngegend, Ihres Stadtteils oder Ihrer Stadt und drucken Sie sie dann aus.

2 Schreiben Sie mit einem Textmarker Ihren Namen quer über die Karte.

3 Ihre Unterschrift gibt Ihnen nun einen Weg auf der Karte vor.

4 Folgen Sie ihm und halten Sie Ihre Beobachtungen fest, weichen Sie nicht vom vorgegebenen Weg ab.

Ziel dieser Übung ist es, einen vertrauten Ort neu zu erleben, indem Sie einem Weg folgen, den Sie sonst nie gewählt hätten. Und all das mit keinem anderen Ziel als zu beobachten, zu erkunden und auf Neues und Unerwartetes zu stoßen. Dokumentieren Sie das alles durch Fotos oder Skizzen. Seien Sie darauf gefasst, sich zu verlaufen und sich Ihren Weg durch Gebäude und Räume bahnen zu müssen. Sie werden lernen, Ihre Stadt völlig neu zu sehen, werden auf interessante Nebenstraßen und Seitengässchen stoßen, überraschende Zusammenhänge herstellen und Grenzen überschreiten. Ganz neue Welten werden sich eröffnen ...

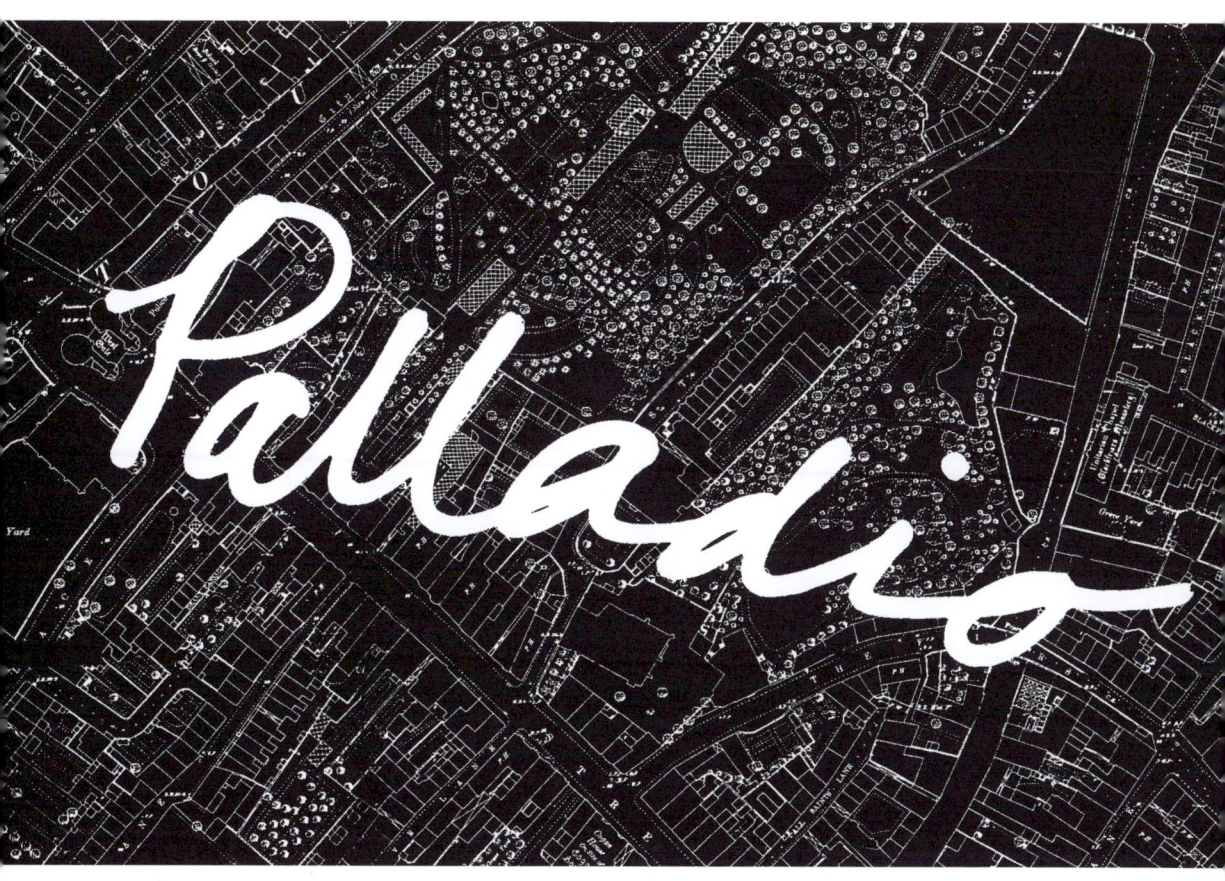

FÜHREN SIE EIN NOTIZBUCH/ EINEN KALENDER

Ein Skizzenbuch ist unglaublich wichtig. Sie sollten darüber hinaus aber auch immer ein Notizbuch/einen Kalender führen. Kaufen Sie jedoch keinen mit fester Wocheneinteilung. Auch auf Feiertags- und Maßtabellen können Sie getrost verzichten. Was Sie stattdessen brauchen, ist ein liniertes oder kariertes Notizbuch (Moleskine, Magma oder eine ähnliche Marke), etwa im Format 9 x 14 cm. Halten Sie darin Ihre Gedanken, Ideen und Träume fest. Es sollte auch zur Planung Ihres Arbeitstages dienen und zum Erfassen von Einkaufslisten für den Modellbau sowie für Bibliotheks- und Seminarnotizen. Außerdem haben die meisten dieser Notizbücher eine Innentasche, in der man Eintritts-, Visitenkarten und Andenken aufbewahren kann. Nummerieren und datieren Sie jede Seite. Versuchen Sie, jeden Monat ein Notizbuch vollzubekommen. Diese Büchlein werden Ihre Entdeckungen verwahren. Und sie werden Ihren Entwurfsprozess dokumentieren, was besonders wichtig ist in der Ausbildung zum Architekten.

SETZEN SIE SICH ZIELE, FÜHREN SIE EINE LISTE: WAS WILL ICH HEUTE/BIS ZUM FREITAG/BIS ZUM MONATSENDE/IN MEINEM GESAMTEN LEBEN ERREICHEN?

EXKURSIONEN: DER URBANAUT IN IHNEN

Organisierte Exkursionen sind ein wichtiger Teil der Ausbildung zum Architekten. Auf diese Weise können Sie nicht nur eine neue Stadt von ihren reizvollsten Seiten kennenlernen, sondern auch Freundschaften vertiefen und neue schließen. Eine Exkursion bietet Ihnen die Möglichkeit, den vertrauten Zeichensaal einmal zu verlassen und sich auf neue, anregende Ideen, Systeme und Bauwerke einzulassen. Machen Sie bei dieser Gelegenheit unentwegt Skizzen und Fotos.

Versuchen Sie darüber hinaus, jede Woche einen Ausflug in Ihrer eigenen Stadt zu machen, bei dem Sie Ausstellungen, Galerien, Konzerte und andere Orte besuchen.

STÄDTE, DIE JEDER ARCHITEKT GESEHEN HABEN SOLLTE:

1 Ahmedabad	**5** Brasília	**9** Helsinki	**13** Lagos	**17** Shanghai
2 Athen	**6** Chandigarh	**10** Hongkong	**14** New York	**18** Stockholm
3 Barcelona	**7** Chicago	**11** Kopenhagen	**15** Paris	**19** Tokio
4 Berlin	**8** Florenz	**12** Las Vegas	**16** Rom	**20** Wien

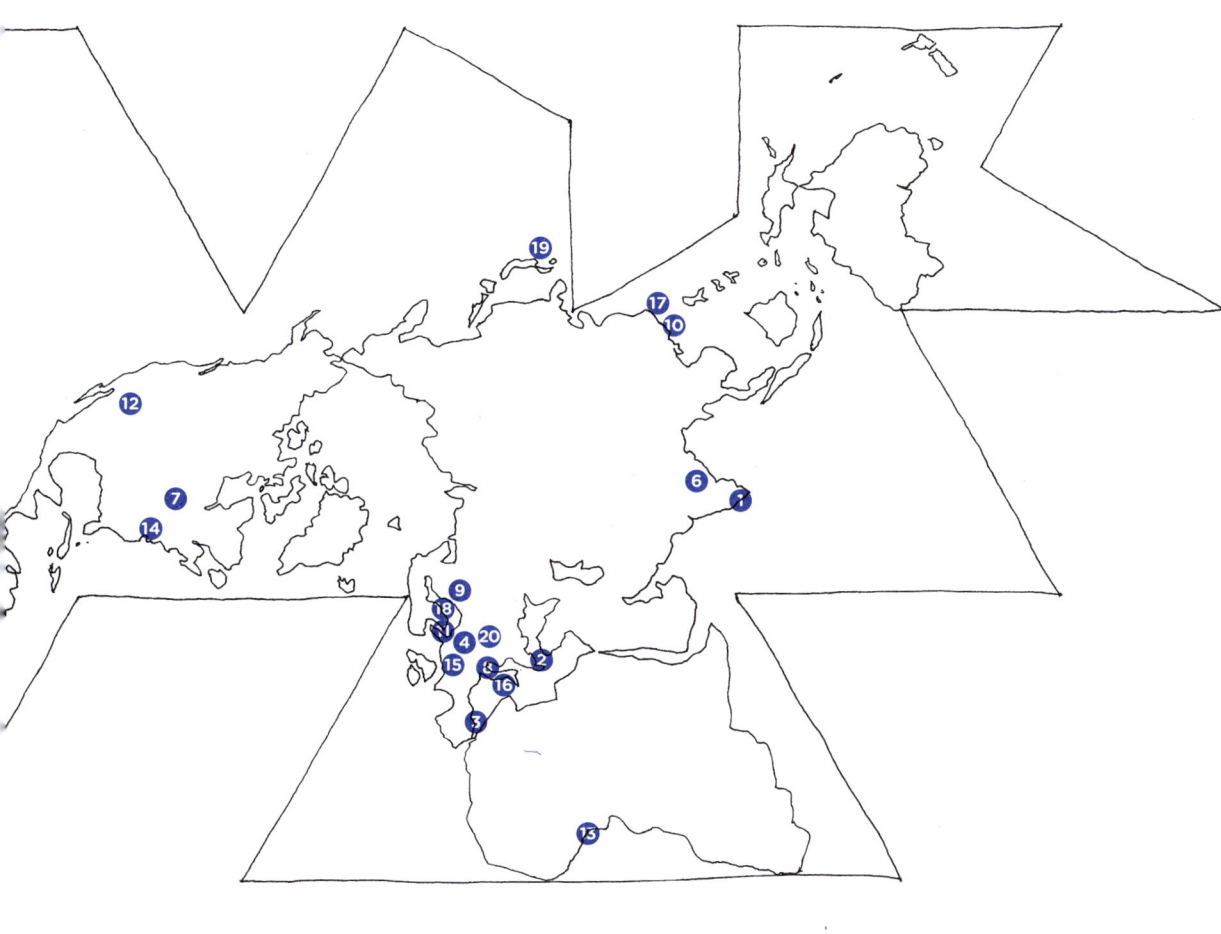

15

EIN FOTO VON EINEM GEBÄUDE IST NICHT DAS GEBÄUDE

Trauen Sie keinem Architekturfoto in Hochglanzmagazinen und Bildbänden. Das Foto eines Gebäudes entspricht nicht dem Gebäude selbst – es ist lediglich ein aufwendig choreografiertes und inszeniertes Abbild. Der Fotograf hat höchstwahrscheinlich eine ganz bestimmte Perspektive und ideale Lichtbedingungen gewählt, so dass das Gebäude vor perfekt blauem Himmel makellos wirkt. Womöglich wurde das Bild auch bearbeitet, um die Perspektive zu verbessern oder vermeintliche „Makel" zu beseitigen. Sie sollten ein Architekturfoto zwar unbedingt in all seinem Glanz auf sich wirken lassen, aber immer versuchen, ein Bauwerk selbst aufzusuchen oder zumindest Einblick in Grundrisse und Schnitte zu nehmen, um es besser zu begreifen.

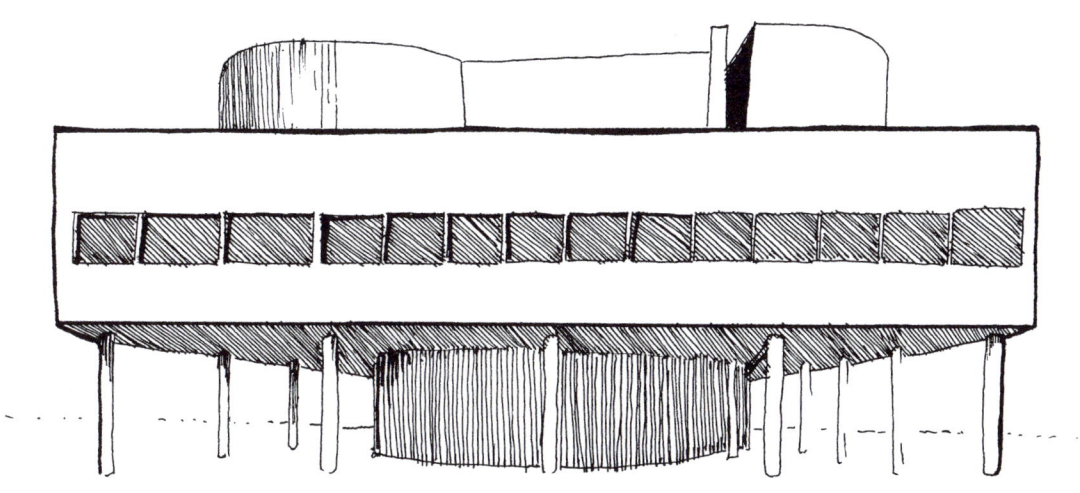

17

SKIZZEN

Zwar sind fotorealistische Visualisierung und rechnergestütztes Erstellen von 3 D-Modellen heute eine Selbstverständlichkeit, doch es geht nach wie vor nichts über eine schnelle Skizze. Mit einer Skizze kann man potentielle Auftraggeber beim Abendessen überzeugen, spontan Fachkollegen seine Ideen erläutern oder Konflikte und Missverständnisse auf der Baustelle ausräumen. Skizzieren macht auch viel Spaß – doch es will gelernt sein und bedarf ständiger Übung. Schon 10-15 Minuten pro Tag führen zu erstaunlichen Ergebnissen.

Benutzen Sie am Anfang einen sehr weichen Bleistift (9 B) oder Zeichenkohle. Bevor Sie den Bleistift ansetzen, schauen Sie das, was Sie skizzieren wollen, 2-3 Minuten lang einfach nur an. Entspannen Sie sich und haben Sie keine Angst zu versagen. Beim Skizzieren geht es vor allem darum, zu beobachten und „Sehen zu lernen", nicht darum, ein Paradestück abzuliefern.

LEKTÜRE

Sie müssen unbedingt Bücher über Architektur und Architekten lesen. Es gibt unzählige davon – spüren Sie sie in Bibliotheken und Antiquariaten auf und werden Sie zum Bücherwurm. Lesen Sie mindestens eine halbe Stunde pro Tag. Wenn Sie sich gut auskennen mit Fachzeitschriften, Monografien und Architekturtheorie, gewinnen Ihre eigenen Entwürfe an Sinn, historischem Kontext und Raffinesse.

LANDSCHAFTS-SPEZIFISCHE BAUWEISE

Die einheimische Architektur eines Ortes sagt sehr viel aus – vor allem hinsichtlich der Baustoffe und Formen, die Klima und Charakter widerspiegeln. Diese Architektur besticht durch Schönheit und Zeitlosigkeit. Ecken, Stürze (horizontaler Abschluss einer Tür- oder Fensteröffnung durch Querträger), Fensterbänke und Öffnungen sind für jedes Bauwerk wichtig. Hier jedoch sind Ecken durch besonders geformte Steine hervorgehoben. Dies verleiht dem Bauwerk zum einen mehr Stabilität, grenzt es andererseits aber auch ab, rahmt es quasi ein und unterstreicht seine Form. Achten Sie immer besonders auf die Stellen, an denen Materialien und Formen aufeinanderstoßen oder sich verändern. Praktische Relevanz haben sie, da Wetterdichtigkeit zu gewährleisten ist. Doch sie haben auch eine optische Funktion und sollten daher beim Fassadenentwurf berücksichtigt werden. Durch den Einsatz ortstypischer Materialien und Formen können Sie Ihre Entwürfe aufwerten.

DICHTE

Dichte ist eine häufig fehlinterpretierte Größe, die viele verschiedene Gesichter hat. So lassen Hochhäuser nicht zwangsläufig auf eine hohe Bevölkerungsdichte schließen, da sie auch inmitten großer unbebauter Flächen liegen können. Sehen Sie sich die drei Beispiele auf der folgenden Seite an. Die Anzahl der Wohnungen pro Quadratkilometer ist bei allen gleich, doch die Lebensbedingungen der jeweiligen Bewohner sind grundverschieden. Eine mehrstöckige Lösung lässt verschiedene Wohnungsarten und -größen sowie gemeinschaftlich und privat genutzte Gärten zu. Eine aussagekräftigere statistische Größe als die Anzahl der Wohnungen pro Quadratkilometer ist die Einwohnerzahl pro Quadratkilometer. In jedem Fall ist die Verteilung der Wohnungseinheiten (Bebauungsdichte) und der Bevölkerung auf das betrachtete Gebiet zu berücksichtigen.

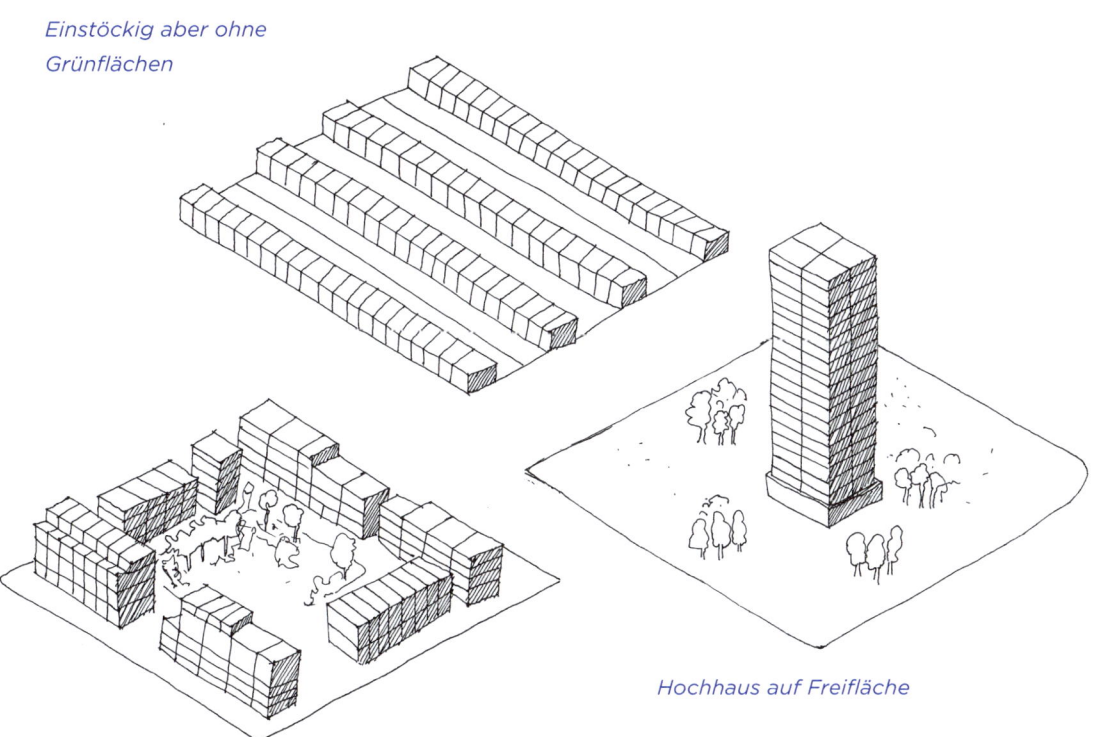

Einstöckig aber ohne Grünflächen

Mehrstöckig mit Mischnutzung und Blick auf gemeinschaftlich genutzte Fläche

Hochhaus auf Freifläche

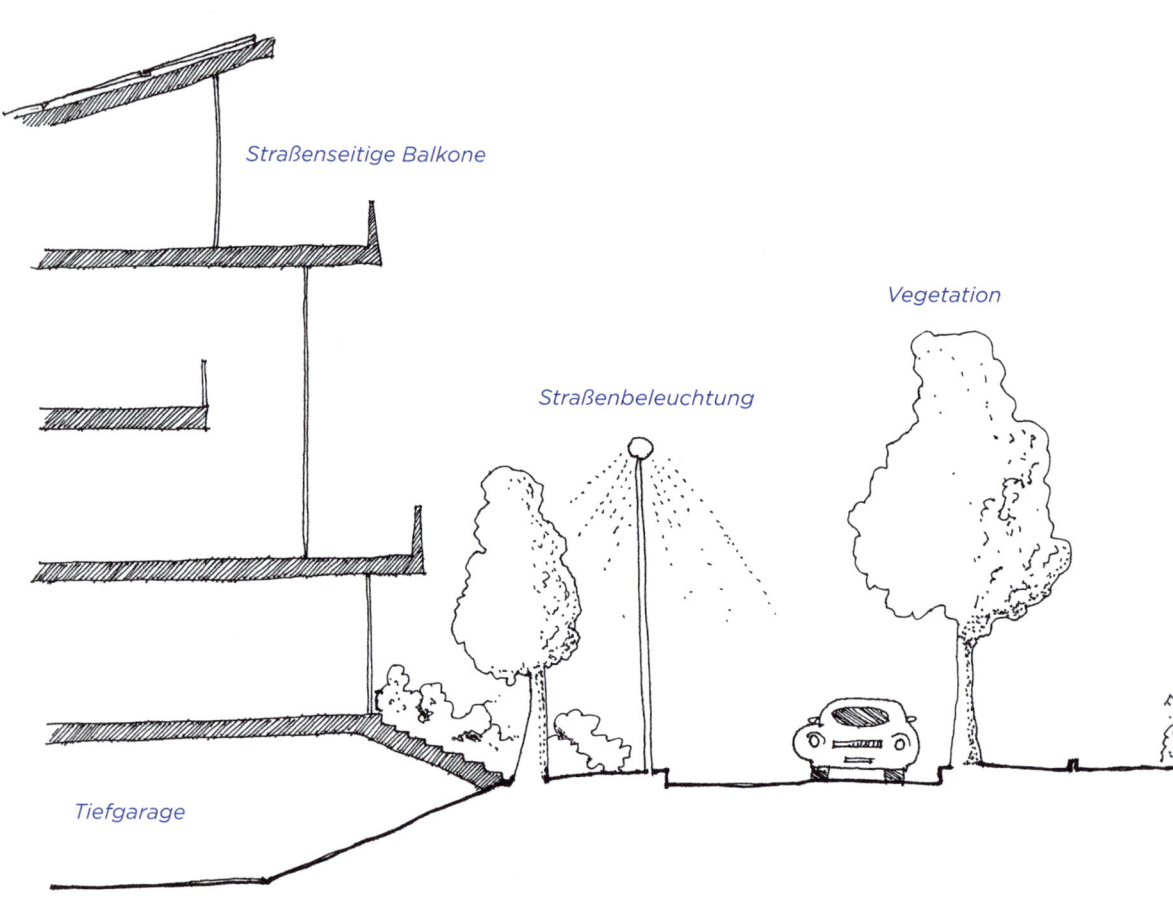

Straßenseitige Balkone

Vegetation

Straßenbeleuchtung

Tiefgarage

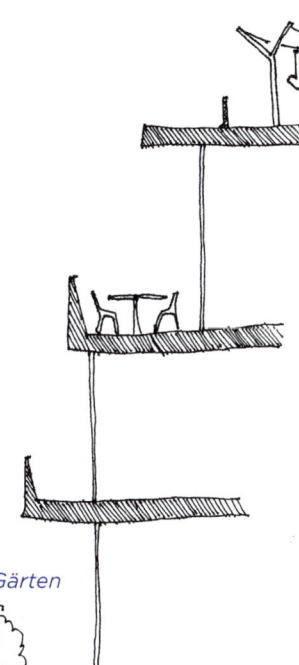

Mindestmaß Balkon 2 m

Gärten

DIE STRASSE

Straßen sollten aufregende Orte sein, an denen geschäftiges Treiben herrscht. Sind sie düster, abgelegen, kaum frequentiert und voll und ganz auf Autos ausgerichtet, bergen sie meist Gefahren und lösen Unbehagen aus. Vermeiden Sie das. Straßen müssen Fußgängern, Radfahrern und Fahrzeugverkehr Platz bieten. Sie sollten gut beleuchtet sein, von Bäumen gesäumt, und sie benötigen robustes Stadtmobiliar. Bei Geländern und verkehrsberuhigenden Elementen hingegen ist weniger oft mehr. Erstrebenswert ist eine Mischnutzung – eine lebendige Straßenfront mit Flächen für Gewerbe, Büro, Handel und Freizeit im Erdgeschoss und darüberliegendem Wohnraum. Planen Sie Fußwege sowie genügend Parkplätze ein und widmen Sie sich auch ausreichend der Gestaltung des öffentlichen Raumes.

KONTUREN UND HANGLAGE

Sie sollten immer versuchen, sich die natürlichen Bedingungen eines Standortes zunutze zu machen, insbesondere Höhenwechsel. Bauträger und Bauherren halten Hanglagen unter Umständen für problematisch, doch für Architekten besitzen sie ein enormes Potential. Wenn Sie Ihren Entwurf parallel zu den Höhenlinien (Konturen) des Grundstückes anlegen, ist der Bau leichter umsetzbar und dadurch wirtschaftlicher. Ein weiterer Vorteil ist die Möglichkeit eines Panoramablickes (Abb. **A** und **B** gegenüberliegende Seite). Eine senkrecht zum Hang platzierte Bodenplatte ermöglicht Zwischengeschosse und überhohe Räume, eine Pfeilerkonstruktion (Pilotis) oder das Auskragen des Baukörpers (siehe S. 80, Abb. **C**). Alternativ könnten Sie auch teilweise in den Hang hinein bauen und so das Dach zugänglich machen (Abb. **D**). Der dabei anfallende Aushub kann an anderer Stelle zum Verfüllen verwendet werden.

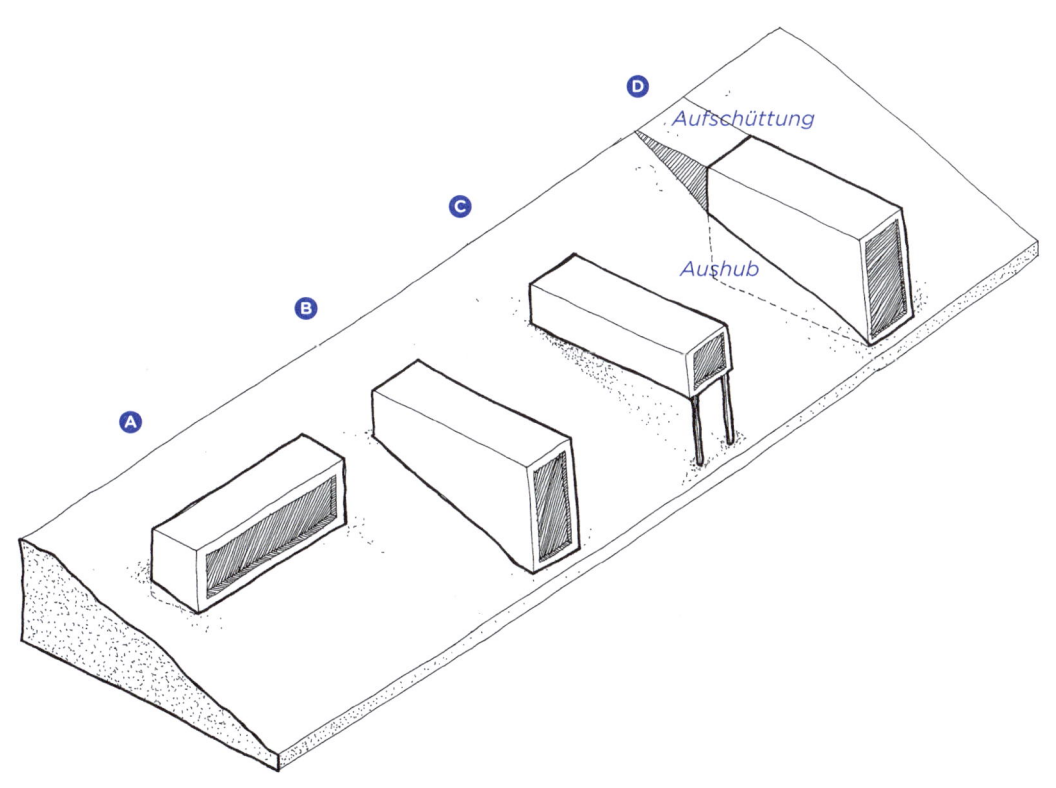

Aufschüttung

Aushub

A

B

C

D

MUSTERBEISPIELE

Jedes Bauwerk ist maßgeschneidert, keines gleicht einem anderen bis ins letzte Detail. Dennoch ist es unerlässlich, dass Sie recherchieren, wie andere Architekten ähnliche Problemstellungen angegangen sind und gelöst haben. Wann immer Sie Musterbeispiele recherchieren, sollten Sie sich mit drei bautypologischen Kategorien befassen:

1 *Funktion:* Wenn Sie ein Museum entwerfen sollen, sehen Sie sich andere Museumsprojekte an. Wie sind die Ausstellungsräume angeordnet? Gibt es für die Besucher eine vorgeschriebene Route oder sollen sie sich selbst auf Entdeckungsreise begeben?

2 *Material:* Recherchieren Sie Bauwerke, die aus den Baumaterialien bestehen, die Sie auch einzusetzen gedenken. Studieren Sie sie hinsichtlich ihrer Details und ihres tektonischen Aufbaus.

3 *Form:* Wenn Sie es mit einem sehr schmalen Grundstück zu tun haben, sehen Sie sich zum Vergleich ähnlich schmale Projekte an. Planen Sie einen Innenhof, so befassen Sie sich mit anderen Gebäuden, die einen Innenhof haben.

Fassen Sie die wichtigsten Ergebnisse Ihrer Recherche zusammen, die Sie für Ihren eigenen Entwurf übernehmen möchten. Das heißt nicht, dass Sie ein Bauwerk kopieren, Sie wenden nur die gleichen Prinzipien an.

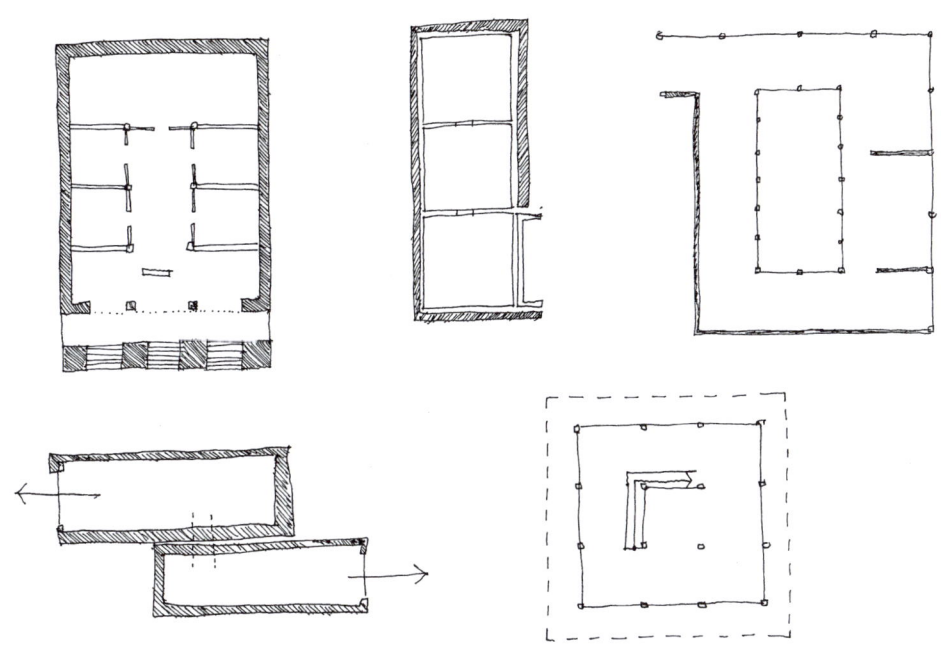

Funktion: Sammeln Sie Beispiele für Gebäude mit der gleichen Funktion und vergleichen Sie deren Aufbau. Hier sehen Sie fünf verschiedene Museen – sie sind identisch in ihrer Funktion, doch völlig verschieden angelegt. Zur besseren Veranschaulichung wurden identische Maßstäbe gewählt.

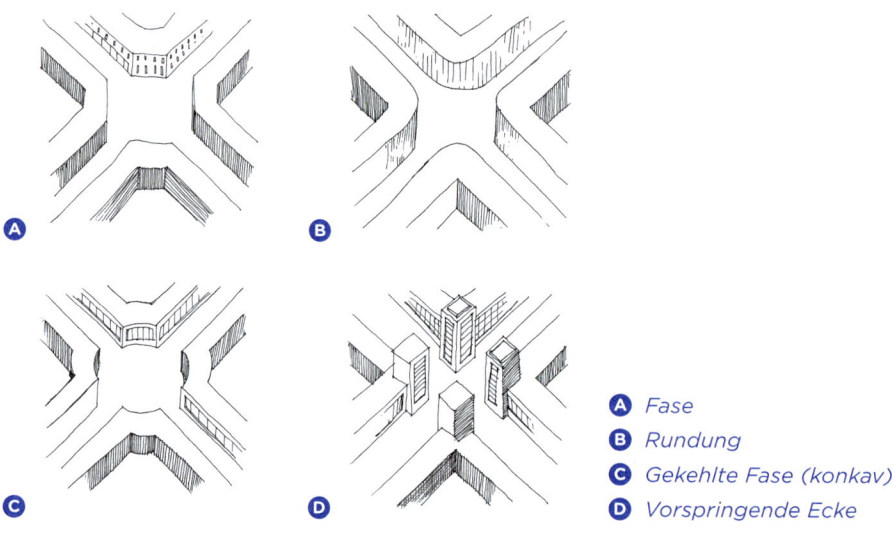

Ⓐ *Fase*
Ⓑ *Rundung*
Ⓒ *Gekehlte Fase (konkav)*
Ⓓ *Vorspringende Ecke*

ECKEN

Ecken sind wichtig, schließlich gäbe es ohne sie weder Straße noch Baublock. Eine Ecke ist die Stelle, an der sich zwei Straßen kreuzen. Das wirkt sich nicht nur auf die Verkehrswege aus, sondern eröffnet auch große Chancen für die Architektur. Wollen Sie die Ecke feiern, hervorheben, oder wollen Sie ihr die Schärfe nehmen, indem Sie die Kanten mit einer 45-Grad-Fase (abgeschrägte Kante) versehen oder sie abrunden?

100 STRASSEN-
ECKEN

Füllen Sie ein Skizzenbuch mit 100
Zeichnungen von Eckgebäuden.
Wie gehen Materialien und Form auf
die Ecke ein, tun sie dies überhaupt?

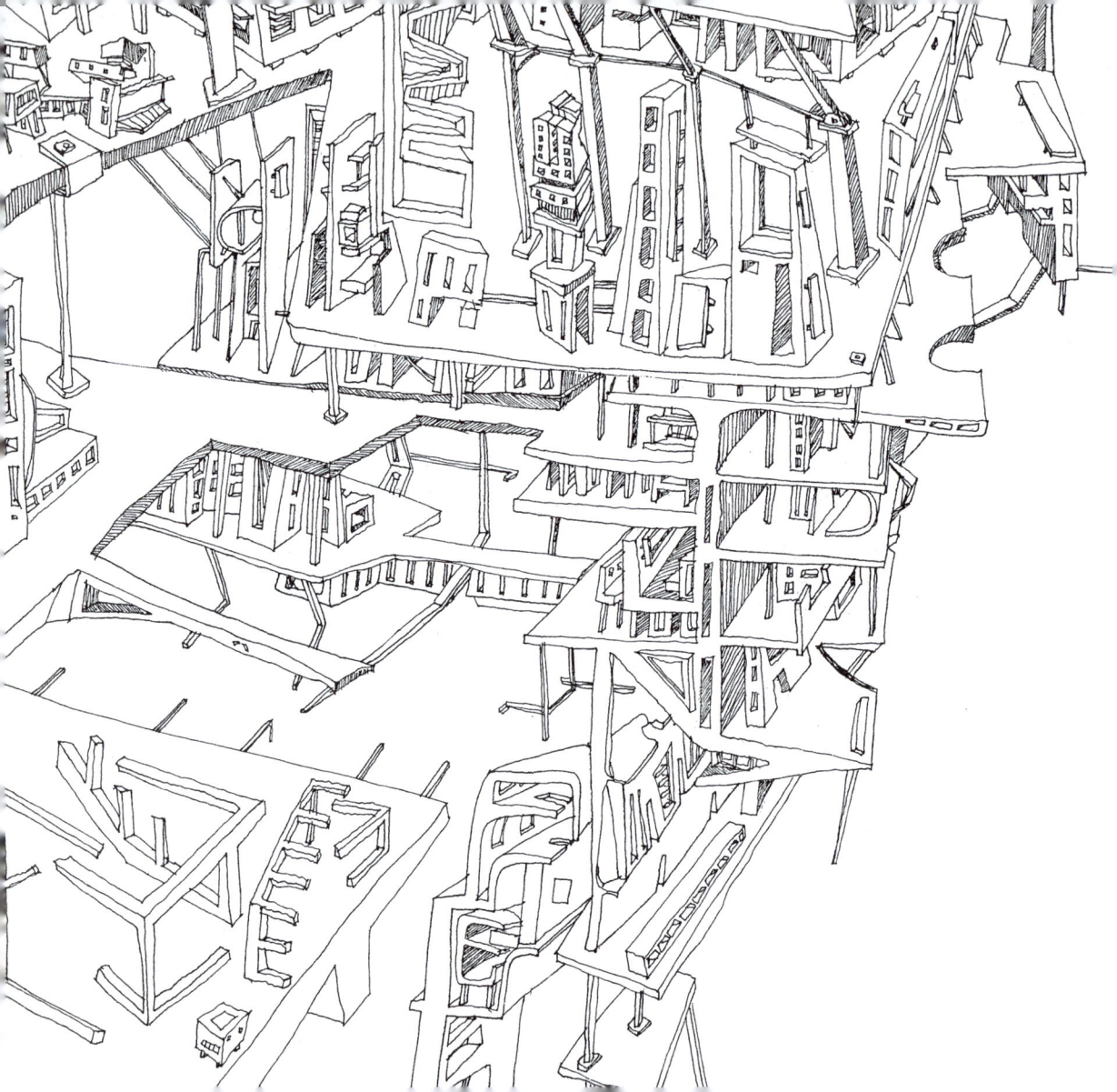

NUR SO ZUM SPASS ZEICHNEN

Zeichnen Sie ruhig ab und zu einfach so vor sich hin – ganz ohne Ziel, Entwurfsaufgabe oder Themenstellung. Lassen Sie Ihrer Fantasie freien Lauf, kritzeln Sie Orte, Gebäude und Figuren, das entspannt und fördert Unterbewusstes zutage. Wenn Sie mit einer Aufgabe nicht vorankommen oder etwas unmotiviert sind, dann zeichnen Sie einfach Fantasiestraßen und -gebäude. Das sorgt fast immer für größere Klarheit und zeitigt erstaunliche Ergebnisse.

LAGEPLAN

Ihre Präsentation sollte auch immer einen Lageplan beinhalten, der die angrenzenden Grundstücke zeigt. Stellen Sie darin die wichtigen Landmarken dar sowie alle natürlichen Charakteristika, auch Flüsse. So kann der Betrachter Ihres Entwurfs die Lage besser einordnen. Mittels Richtungspfeilen und Anmerkungen können Sie Ihren Entwurf auch in Bezug zu vorhandenen Ansichten und Verkehrswegen setzen und deutlich machen, wie er sich ins Straßennetz und in Stadtteile einfügt. Die Ausrichtung sollte immer so erfolgen, dass Norden oben ist. Als Maßstab wird in der Regel 1:1250 oder 1:2500 gewählt (siehe S. 49).

1 Wichtigste natürliche Charakteristika (z. B. Flüsse)

2 Transportwege (z. B. Zug-, Straßenbahn-, Fährlinien, Wasserstraßen)

3 Grünflächen / Parks

4 Öffentlicher Raum / Denkmäler

5 Wichtige historische Gebäude

6 Stadtteile (z. B. Norden der Stadt / Rotlichtviertel / Brennpunktviertel / Geschäftszentrum)

7 Aussichtspunkte

8 Probleme (Lärm / hohes Verkehrsaufkommen / Versäumnisse)

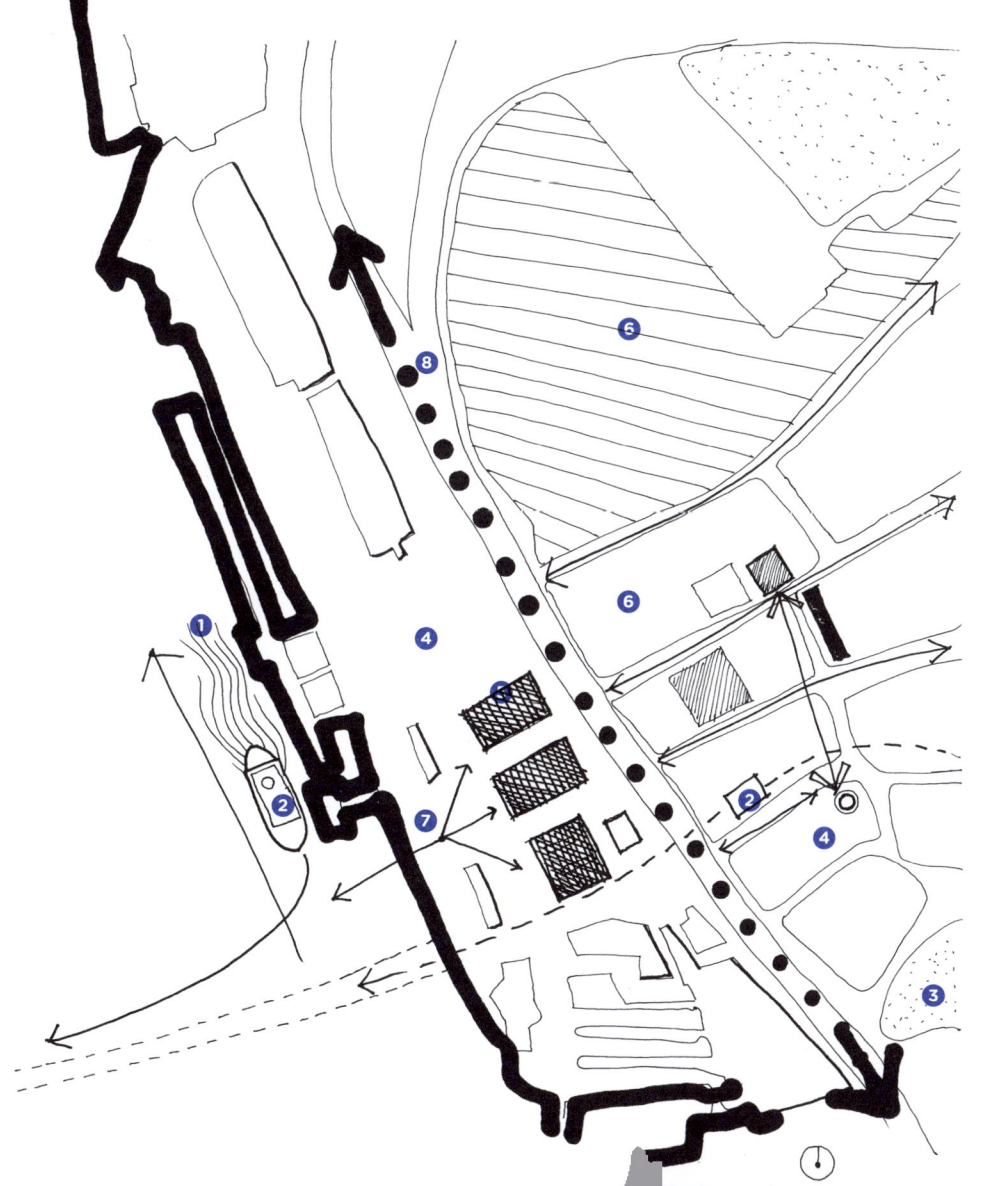

DAS BANALE

Halten Sie Ausschau nach „außergewöhnlich Hässlichem", Banalem und Alltäglichem. Haben Sie es gefunden, dann skizzieren Sie es. Nicht etwa um ein Loblied auf das Mittelmaß zu singen, sondern um genau zu beobachten, wie wir leben. Nicht alles muss ikonenhaft oder aufsehenerregend sein – versuchen Sie, das Alltägliche mit neuen Augen zu sehen und hochwertige Entwürfe für das abzuliefern, was wir im Alltag bewohnen.

DIE SUMME DER DINGE

In der Architektur geht es darum, das Gewöhnliche und Alltägliche so anzuordnen, dass etwas völlig Neues entsteht. Wir wollen mit möglichst geringem Aufwand die größtmögliche Wirkung erzielen. Ein hoher Gebrauchswert allein genügt nicht. Eins plus eins sollte immer drei sein – Sie müssen mehr herausbekommen, als Sie hineinstecken.

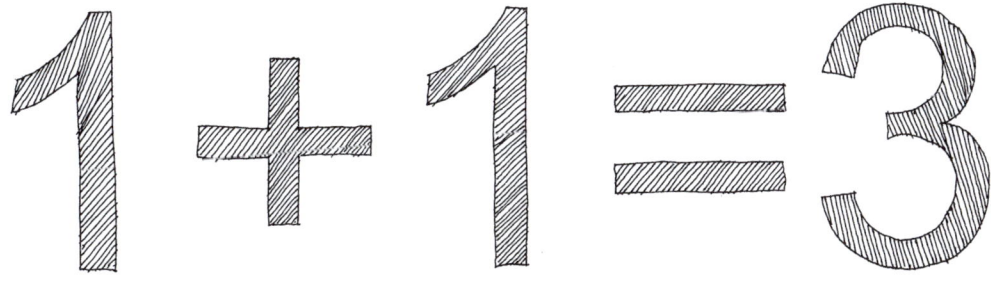

MASSSTAB

STRASSENBREITE-ZU-GEBÄUDEHÖHE-VERHÄLTNIS

Welche Empfindungen eine Straße auslöst, hängt maßgeblich vom Verhältnis ihrer Breite zur Höhe der angrenzenden Gebäude ab. Ein mittelalterlicher Stadtkern wirkt mit seinen engen Gassen und auskragenden Balkonen anheimelnd und aufregend. In einer modernen Großstadt kann die Gebäudehöhe hingegen das bis zu Zehnfache der Straßenbreite betragen. Das führt auf Straßenniveau zu stark verminderter Sonneneinstrahlung, starker Verschattung und Windkanaleffekten. Außerdem wird Fußgängern durch das hohe Verkehrsaufkommen und Windböen das Überqueren der Straße erschwert. Allzu breite Straßen mit nur ein- oder zweigeschossiger Bebauung lassen hingegen den pulsierenden Charakter einer verkehrsreichen Hauptstraße vermissen und sind oft unwirtschaftlich, da pro Gebäude mehr Straßen, Bauleistungen und Landschaftsbauarbeiten notwendig sind. In der Praxis werden Gebäudehöhen und Bebauungsdichte häufig von den Bodenwerten diktiert. Sie sollten dennoch eine Bebauungsdichte anstreben, mit der hoher Nutzwert und angenehme Atmosphäre einhergeht.

OBERFLÄCHE-ZU-VOLUMEN-VERHÄLTNIS

Potentielle Vorteile eines Gebäudes mit einem hohen Oberfläche-zu-Volumen-Verhältnis sind mehr Aussicht, mehr Fensteröffnungen und das Eindringen des Tageslichts in die Gebäudetiefe. Nachteile der größeren Oberfläche sind höherer Wärmeverlust (in kalten Klimaten) oder stärkere Aufheizung (in heißen Klimaten). In heißen Klimaten können Kühleffekte durch Ventilation und Wind auftreten – die Abschattung der Mauern und Fenster vorausgesetzt. Ist ein niedriges Oberfläche-zu-Volumen-Verhältnis gewünscht, würde man das optimale Verhältnis durch einen kugelförmigen Körper erreichen (der allerdings funktional zu wünschen übrig ließe). Das Oberfläche-zu-Volumen-Verhältnis von Typ G ist sehr hoch. In heißen Klimaten bietet es mehr Möglichkeiten für Beschattung, kühlende Innenhöfe und Querlüftung. Typ H wird häufig für Hotels gewählt, da er bei relativ kompaktem Grundriss eine große Oberfläche aufweist sowie einen zentralen Bereich, der Platz für Gemeinschaftsräume und Rezeption bietet.

GRUNDFLÄCHE	OBERFLÄCHE	GRUNDFLÄCHE	OBERFLÄCHE
A 16	16	E 16	32
B 16	20	F 16	64
C 16	34	G 16	34
D 16	30	H 16	34

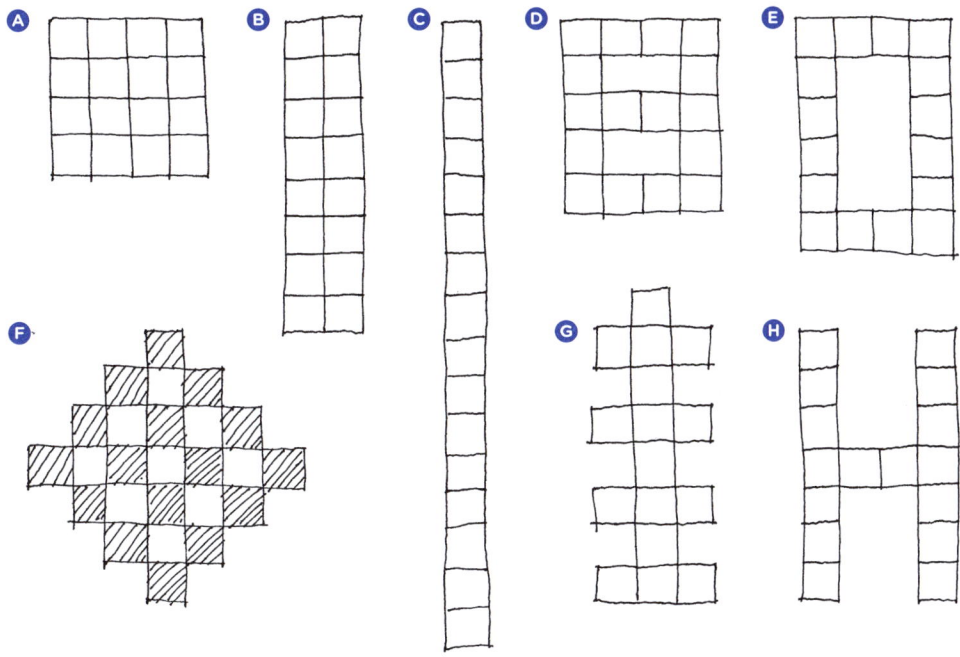

MASSSTÄBLICHES ZEICHNEN

Wir stellen Gebäude kleiner dar, als sie wirklich sind, indem wir uns eines bestimmten Systems bedienen. Man nennt das „maßstäbliches Zeichnen". So bedeutet der Maßstab 1:50, dass die Zeichnung ein Fünfzigstel der realen Größe misst. In anderen Worten: Ein Zentimeter auf der Zeichnung entspricht 50 Zentimetern in der Realität. Wir verwenden verschiedene Maßstäbe, um unterschiedlich stark ins Detail zu gehen und unterschiedliche Informationen darzustellen.

Begonnen wird grundsätzlich mit den Lageplänen und den Gesamtgrundrissen. Je weiter der Entwurfsprozess fortschreitet, umso größer wird der Maßstab. Wir beginnen, das Gebäude und seinen konstruktiven Aufbau im Detail zu betrachten. Es ist wichtig, im jeweiligen Maßstab die dafür jeweils relevanten Details darzustellen. Für Architekturzeichnungen werden die auf der gegenüberliegenden Seite genannten Maßstäbe verwendet. (Die teilweise auch auf Maßstabslinealen zu findenden Maßstäbe 1:25 und 1:33 werden nie für Architekturzeichnungen, sondern nur im Ingenieurwesen benötigt.) In manchen Ländern wird statt des Metrischen noch das Imperiale System benutzt, also Fuß und Zoll – hier gelten die gleichen Regeln.

MASSSTAB	ZEICHNUNGSART	INHALTLICHE ANFORDERUNGEN
1:1.250 or 1:2.500	Lagepläne und Grundstücksanalyse	Bestehende Verkehrswege, Übersichtsplan des Baugrundstücks
1:200/1:100	Übersichtszeichnungen	Grundrisse der einzelnen Gebäude, die Gegenstand des Bauvorhabens sind. Unbedingt Freiflächenplanung und Umfeld darstellen. Eventuell Beschriftung der Materialien und Darstellung der Einrichtung. Für kleine Gebäude 1:100.
1:50	Detailzeichnungen	Der Entwurf wird hier in Ausschnitten stark vergrößert dargestellt, um konstruktive Einzelheiten wie Dämmung und Bauelemente zu zeigen. Alle Räume sollten vollständig bezeichnet werden und Einrichtung und Materialien beinhalten.
1:20	Ausführungszeichnungen	Mit ihnen kann man beispielsweise einen kompletten Wandschnitt im Detail darstellen.
1:10/1:5	Detailzeichnungen	Ausführungzeichnungen, die alle wichtigen Details zeigen. Zeichnungen für Spezialgewerke und Auftragnehmer. Beschriftung aller Bauelemente und Querverweise auf den Übersichtszeichnungen im Maßstab 1:200 oder 1:100.
1:1	Prototypen/CNC-gesteuertes Fräsen/rechnergestützte Fertigung/Schablonen	Bauelemente können mittels CAD (Computer Aided Design, rechnergestütztes Konstruieren) dargestellt werden. Bei eher traditionellen Gebäuden: Maßstab für Ornamente und Schablonen für Steinmetzarbeiten.

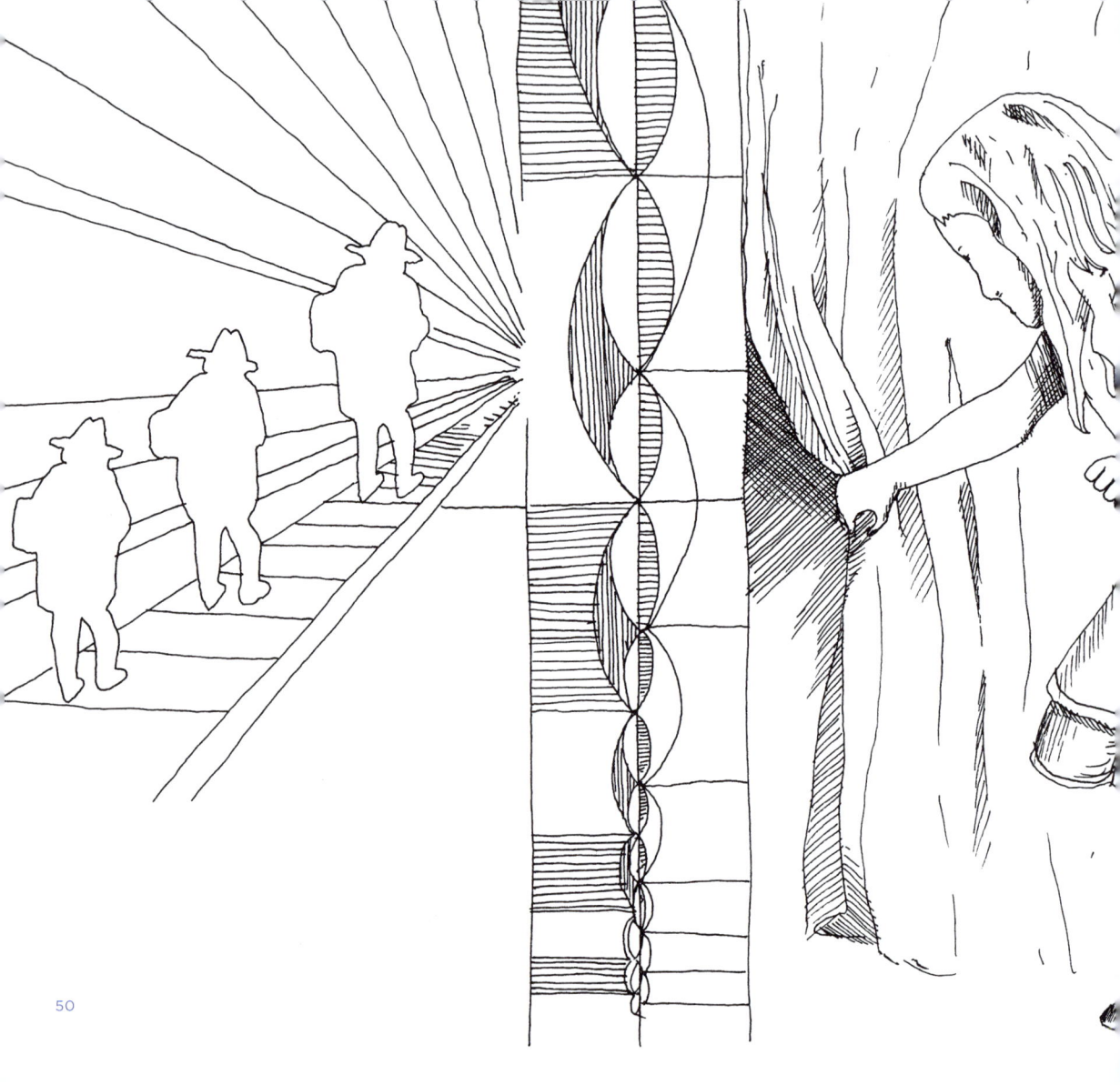

ALLES EINE FRAGE DER GRÖSSE

Der Erfolg eines Bauwerks hängt oft von der Größe und den Proportionen jedes einzelnen Bauelements ab. So machen nur wenige Zentimeter oft den Unterschied zwischen guter und schlechter Architektur aus. Wir dimensionieren unsere Umwelt, insbesondere Eingänge, Türöffnungen und Raumhöhen, im Allgemeinen anhand der Maße des Menschen. Manche Orte werden in monumentaler Größe geplant, um Ehrfurcht einzuflößen und zum Staunen zu bringen (z. B. Kathedralen); andere wieder sind klein, um Intimität und Geborgenheit auszustrahlen (z. B. die kleinen Nebenräume in traditionellen britischen Pubs, sogenannte snugs).

Manche Architekten haben versucht, besondere Proportionen und Dimensionen zu verwenden. Das bekannteste Proportionssystem ist der Modulor von Le Corbusier. Er bringt die menschlichen Maße mit der Fibonacci-Folge in Verbindung (eine Folge von Zahlen, bei der die Summe zweier benachbarter Zahlen die unmittelbar folgende Zahl ergibt). Größe ist jedoch relativ und auf diese Weise kaum sinnvoll zu quantifizieren. Sie sollten lieber den fantastischen Roman Alice im Wunderland des viktorianischen Schriftstellers Lewis Carroll zur Hand nehmen, da er deutlicher macht, wie relativ Größe ist.

WÜRFELFORM UND GRÖSSE

Verändert man Gebäudeaußenmaße, verändert sich das Volumen nicht proportional dazu. So hat ein Gebäude, das 2 × 2 × 2 Meter misst, ein Volumen von 8 m³. Misst es hingegen 4 × 4 × 4 Meter, beträgt das Volumen 64 m³. Anders ausgedrückt: Mit steigenden Außenmaßen des Würfels steigt die Oberfläche überproportional. Es läge also der Schluss nahe, dass ein Gebäude in Würfelform umso wirtschaftlicher und effizienter ist, je größer es ist. Mit der Größe nehmen jedoch auch Heiz- und Kühlbedarf zu.

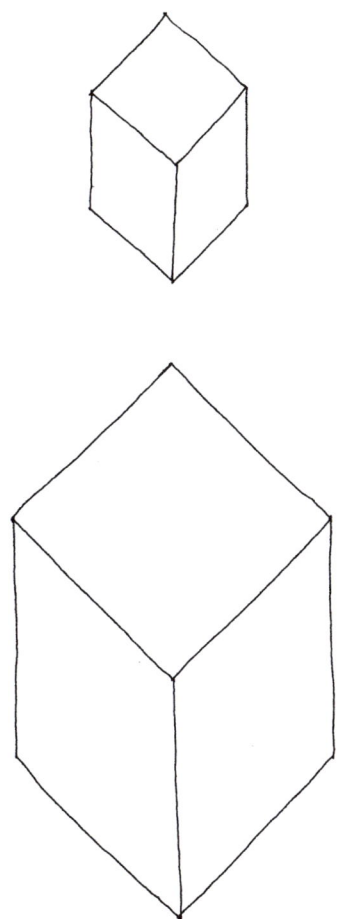

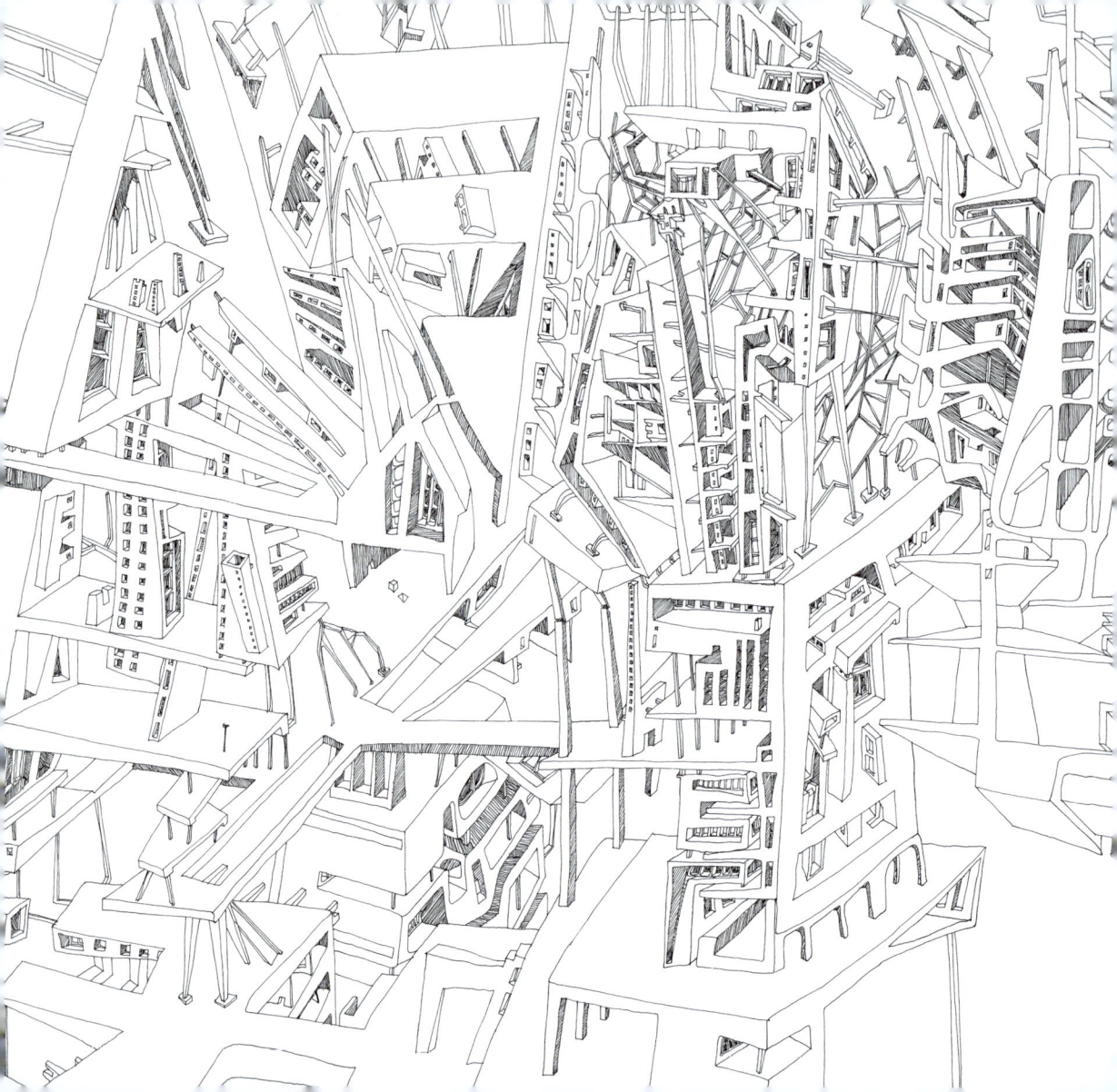

BAUELEMENTE UND ENTWURFS-ÜBERLEGUNGEN

STÜTZE, TRÄGER UND WAND

Ohne zu stark zu vereinfachen kann man feststellen, dass das Gros der
Architektur mit Stütze, Träger und Wand auskommt. Durch sorgfältige
Planung der Abstände, Stärke, des Rhythmus sowie des Aufbaus und
der Materialität dieser drei Bauelemente lassen sich ausgezeichnete
architektonische Lösungen finden. Nehmen wir noch Rampe und Treppe
sowie Tür und Fenster hinzu, so steht uns ein Satz von Bauelementen zur
Verfügung, der Antworten auf die meisten architektonischen Fragen
bereithält. Keine Angst vor einfachen, rechtwinkligen, geradlinigen
Lösungen. Bei Bogen, Kreis und Ellipse ist Vorsicht geboten.

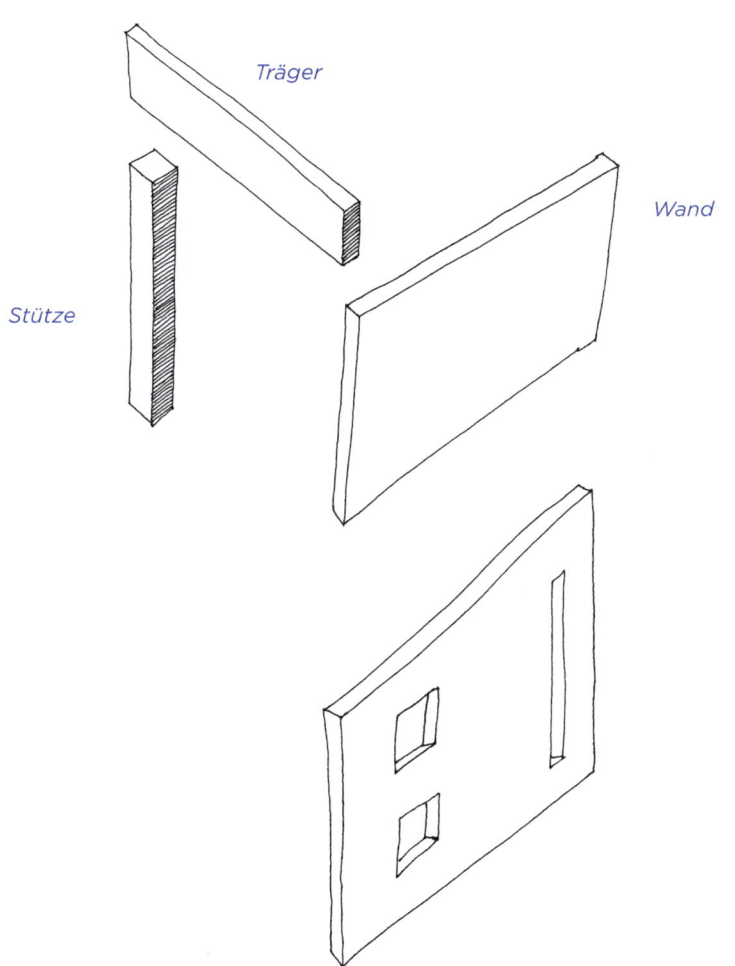

Träger

Wand

Stütze

ANORDNUNG DER STÜTZEN

Ordnen Sie Stützen nicht einfach gitterartig an, sondern überlegen Sie genau, wie Sie sie in Bezug auf Wände, Trennwände und Öffnungen platzieren möchten. Mit einem Pilaster (Wandpfeiler, vertikale Wandvorlage) kann man Raum abgrenzen, Grenzen markieren. Werden alle Stützen in die Wand eingelassen und dadurch versteckt, lassen wir uns die Gelegenheit entgehen, mit ihrer Struktur zum Rhythmus des Gebäudes beizutragen. Ist die Wand überhaupt notwendig?

Stützen

außen

innen

eingelassen

außen

innen

❶

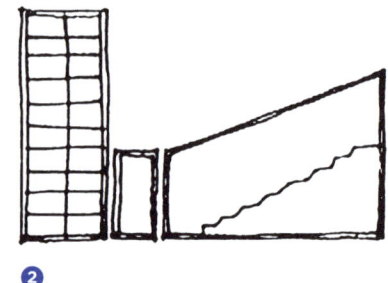

❷

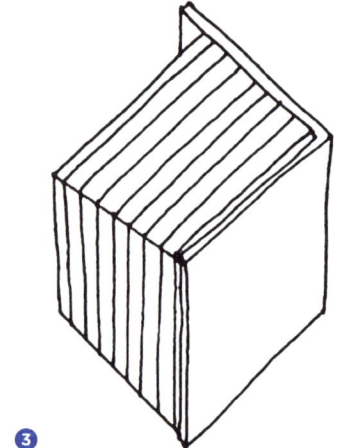

❸

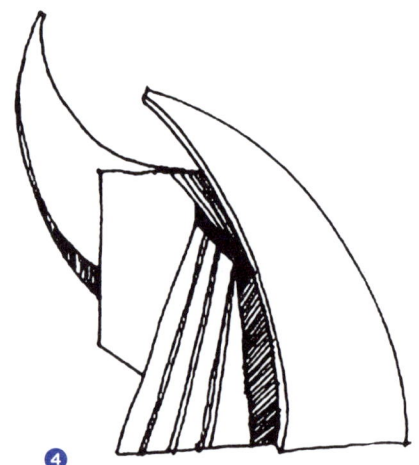

❹

FORMFRAGEN

Wie entwickeln Sie eine architektonische Form?
Woher kommen Ihre Ideen?
Leitet sich bei Ihnen die Form aus der Funktion ab?
Geht es in der Architektur um Bauplastiken und expressive Formen?

Das sind die Fragen, die Sie als Architekten fortwährend beschäftigen.

Setzen Sie sich doch einmal mit den folgenden vier Möglichkeiten
der Formfindung auseinander:

❶ Erfüllen Sie alle Gebäudeanforderungen
durch einen übersichtlichen, kasten-
förmigen „Zweckbau".

❷ Drücken Sie die Funktionen des
Gebäudes aus. So spiegelt sich jeder
Gebäudezweck in einer ganz eigenen
Form, z.B. ein Hörsaal in einer und eine
Bibliothek in einer anderen.

❸ Versuchen Sie, die Funktion des
Gebäudes figurativ umzusetzen, indem
Sie beispielsweise die Form eines Biblio-
theksgebäudes an die eines Buches
anlehnen.

❹ Ignorieren Sie die Funktion und gelangen
Sie auf ganz anderem Weg zur Form. Sie
könnten eine plastische Form finden und
die Funktion daran anpassen.

DIE HÜLLE

Die Gebäudehülle trennt innen und außen. Sie entspricht der tatsächlichen Form des Gebäudes und bestimmt dessen Volumen und den umschlossenen Raum. Eine Gebäudehülle muss folgende Anforderungen erfüllen:

1 Durchlässigkeit an manchen Stellen, Undurchlässigkeit an anderen. Sie muss Menschen den Zutritt ermöglichen, aber vor Regen und Wind schützen.

2 Abdichtung gegen Feuchtigkeit.

3 Sie muss die Luftfeuchtigkeit regulieren, möglichst so, dass sie innerhalb des Bereiches liegt, den der Mensch als angenehm empfindet.

4 Sie muss an bestimmten Stellen Licht hereinlassen und auch etwas Luft, um das Gebäude zu belüften. Das kann durch eine gezielt gesteuerte mechanische Lüftungsanlage oder einfach durch das Öffnen eines Fensters geschehen.

5 Außerdem muss sie Durchlässe für Versorgungsleitungen besitzen (Trinkwasser, Gas, Strom, Telekommunikation) und das Ableiten von Abwasser, Regen und Rauch ermöglichen.

6 Sie sollte langlebig sein, Wind und auch starken Stürmen standhalten sowie unerwünschte Besucher wie Ameisen, Mäuse und menschliche Eindringlinge fernhalten.

7 Mit fortschreitender Verwitterung und zunehmendem Alter sollte sie, wenn möglich, noch ansehnlicher werden. Des Weiteren sollte sie wartungsfreundlich und leicht zu reinigen sein.

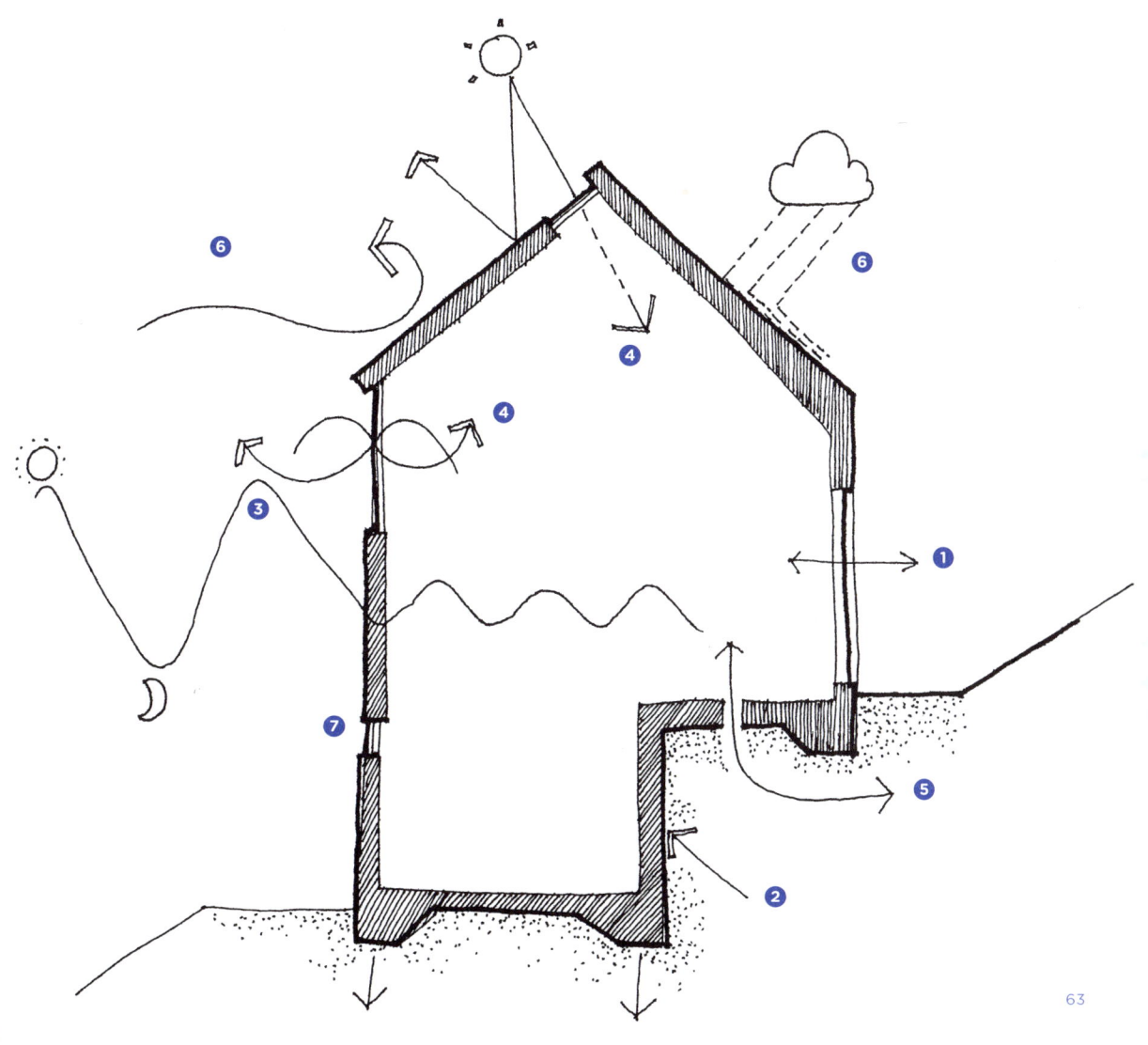

DIE WAND

Es gibt zwei Arten von Wänden:

❶ *Die tragende Wand:* Sie trägt ihr Eigengewicht sowie Decken, Dach und Gebäudeinhalt. Sie schützt vor Wetter und hier sitzt auch die Dämmung. Diese einfache und bewährte Bauweise wird üblicherweise bei kleinen Gebäuden und Häusern verwendet. Als Material kommt nur eines in Frage, das diese Lasten aufnehmen kann. Die Wandstärke verhält sich proportional zur Gebäudehöhe: Ein höheres Gebäude benötigt dickere Wände, wodurch die nutzbare Geschossfläche abnimmt und der Materialeinsatz steigt. Öffnungen entstehen, indem die Wand mit Löchern versehen wird; über ihnen stützen Stürze oder Bögen die Wand.

❷ *Die nichttragende Wand:* Bei dieser Bauweise ruht die Last der Decken, des Daches und Gebäudeinhaltes auf einem Tragwerk aus Stützen und Trägern. Die Außenwand trägt entweder ihr Eigengewicht und ist im Tragwerk verankert oder sie wird komplett vom Tragwerk getragen – sie selbst trägt keine Lasten, woraus sich ihr Name ableitet. Bei dieser Bauweise nimmt die Geschossfläche mit zunehmender Gebäudehöhe nicht ab. Sie ermöglicht den Einsatz nichttragender Materialien, also beispielsweise eine verglaste Fassade. Auch sind große Öffnungen umsetzbar, die in diesem Falle ohne Stürze oder Bögen auskommen.

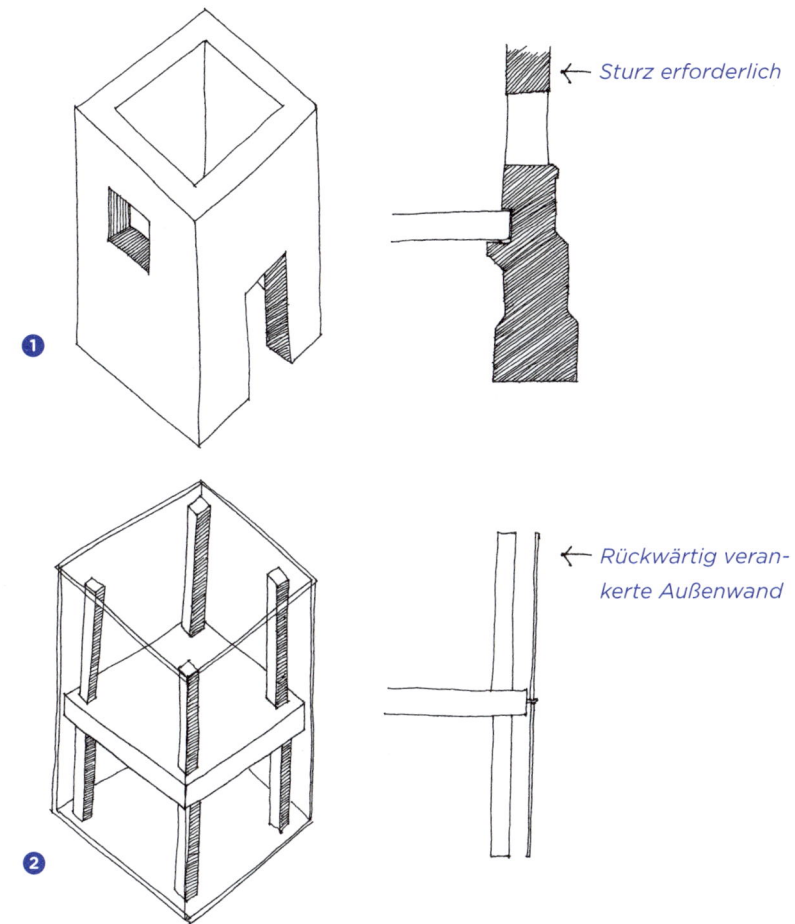

①

→ *Sturz erforderlich*

②

→ *Rückwärtig veran-
kerte Außenwand*

DAS FENSTER

Ein Fenster ist eine Wandöffnung, in der meist ein verglaster Rahmen sitzt. Normalerweise handelt es sich um transparentes oder halbtransparentes Glas. Fenster erfüllen mehrere Funktionen: Sie dienen der Belichtung und natürlichen Belüftung von Innenräumen, sorgen für Aussicht und / oder gewähren Einblick in ein Gebäude (z. B. Schaufenster).

Lage: Überlegen Sie, wo in der Wand Ihr Fenster sitzen soll. Diese Entscheidung prägt häufig den Charakter der Fassade. Das Zurücksetzen der Fenster im Mauerwerk strahlt Stabilität aus, wohingegen fassadenbündige Fenster für ein geradlinigeres Aussehen sorgen (allerdings höchstwahrscheinlich auch für Flecken unterhalb der Fensterbank). Im Innenbereich kann eine tiefe Fensterbank auch als Sitzbank dienen, während abgeschrägte Wände den Lichteinfall erhöhen und die Aussicht unterstreichen.

Rahmen: Auch der Fensterrahmen bedarf sorgfältiger Planung. Ein schlanker Metallrahmen sendet eine andere Botschaft als ein bleiverglastes Flügelfenster mit Holzrahmen. Zu öffnende Fenster und die Lage der Bänder werden auf Zeichnungen durch eine punktierte Linie dargestellt.

Formen: Mit langen horizontalen Fenstern lässt sich eine Panoramaaussicht einrahmen. Hohe schmale Fenster leiten hingegen das Licht tiefer in den Raum hinein und lassen ihn höher erscheinen. Spektakulär wirkt ein Eckfenster – mit tragenden Wänden ist es allerdings schwierig umzusetzen.

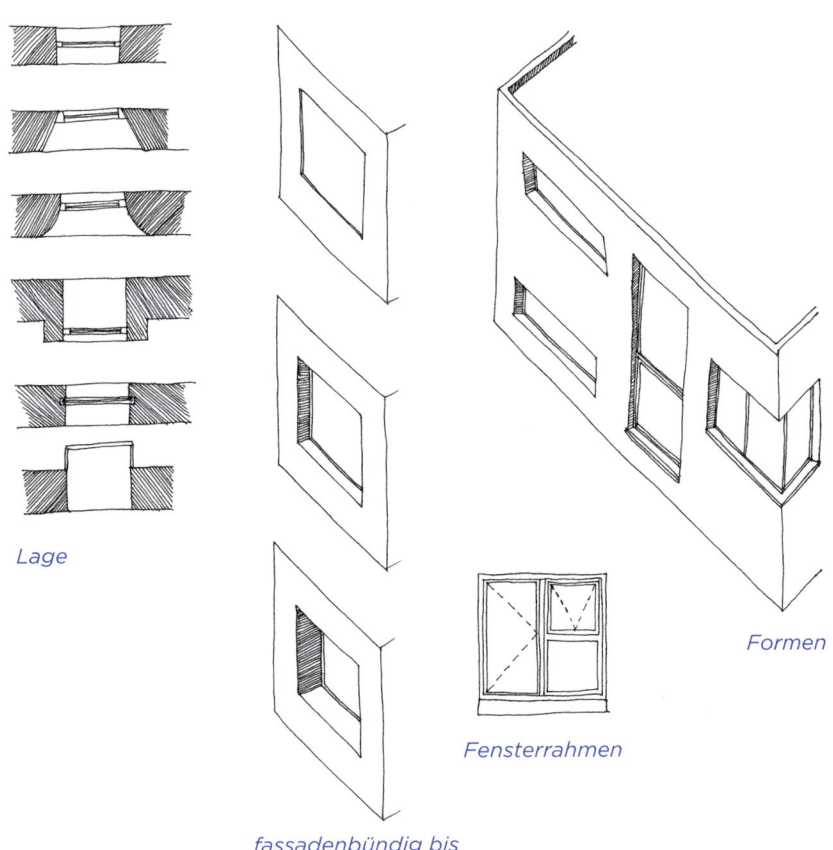

Lage

fassadenbündig bis
tief eingelassen

Fensterrahmen

Formen

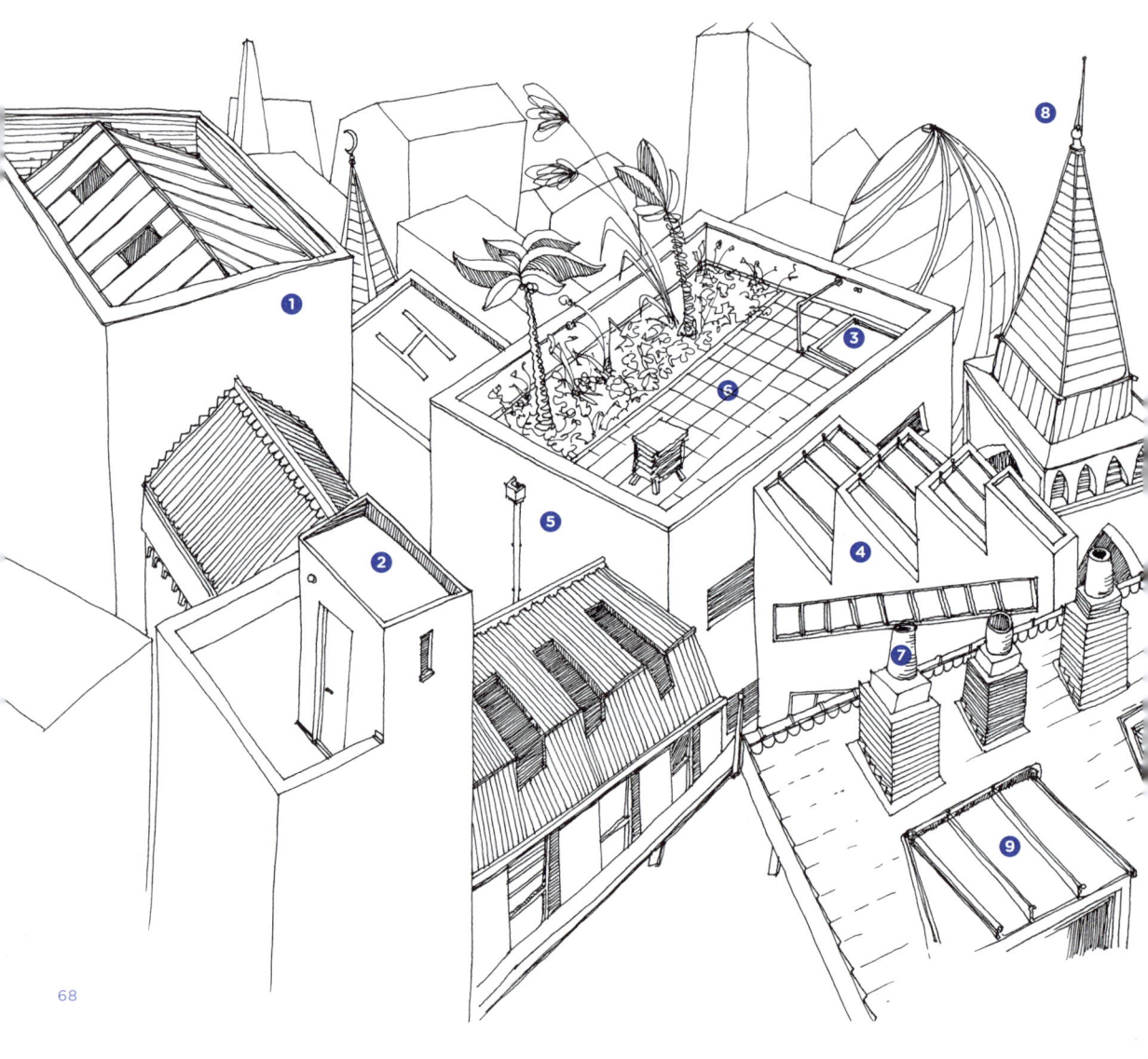

DAS DACH

Das Dach, auch als fünfte Ansicht bezeichnet, wird bei der Planung eines Gebäudes oft stiefmütterlich behandelt. Versuchen Sie es zurückzuerobern, indem Sie es in einen Garten verwandeln, es zur Energiegewinnung nutzen oder ein Biotop daraus machen.

1 Verbergen Sie ein geneigtes Dach hinter einer Brüstungsmauer (vergessen Sie nicht das Abdeckblech zwischen Mauer und Dach).

2 Denken Sie an einen Dachzugang, vermeiden Sie jedoch Dachluken.

3 Dort wo Dachluken unumgänglich sind, kombinieren Sie diese mit Sicherheits- geländer und Handlauf.

4 Bei Fabrikhallen und Ateliers muss ein gleichmäßiger Lichteinfall von Norden erfolgen, um Schlagschatten zu ver- meiden. Ideal dafür geeignet ist ein Sheddach (Sägezahndach).

5 Eine Regenwasserableitung vom Dach ist erforderlich. Man unterscheidet außen- und innenliegende Entwässerungen.

6 Nutzen Sie die Dachfläche als Wohnfläche.

7 Der Dunstabzug kann auch übers Dach erfolgen.

8 Das Dach als Blickfang. Es kann dazu genutzt werden, um die Aufmerksamkeit aufs Gebäude zu lenken und Orientie- rungspunkte in einer Stadt zu schaffen.

9 Es kann zum Lagern verwendet werden.

DIE TREPPE

Über eine Treppe gelangen wir von einem Geschoss ins andere. Sie bietet spannende Gestaltungsmöglichkeiten, als Objekt an sich, aber auch als Blickfang und Aussichtspunkt.

Vermeiden Sie Wendeltreppen – sie benötigen genauso viel Platz wie gerade Treppen und der sie umgebende Raum lässt sich häufig nicht nutzen.

❶ Runden Sie die Antrittsstufe ab: So gelangt die herunterkommende Person besser um die Ecke.

❷ Wo der Platz es erlaubt, empfiehlt sich das Einfügen eines Podestes. Das erhöht den Lichteinfall und den Reiz der Treppe.

❸ Ein Fenster auf Höhe des Podestes sorgt nicht nur für mehr Licht, sondern auch für einen Ruheplatz mit Ausblick.

❹ Der Raum vor der Treppe sollte mindestens so lang sein wie die Treppe breit ist.

❺ Wollen Sie einen lichtdurchfluteten Treppenraum, planen Sie über der Treppe ein Oberlicht.

❻ Erstellen Sie immer eine Schnittdarstellung, um kontrollieren zu können, ob die lichte Durchgangshöhe ausreicht.

❼ Setzstufen (oder auch: Stellstufen) sollten 200 mm messen, Trittstufen 250 mm.

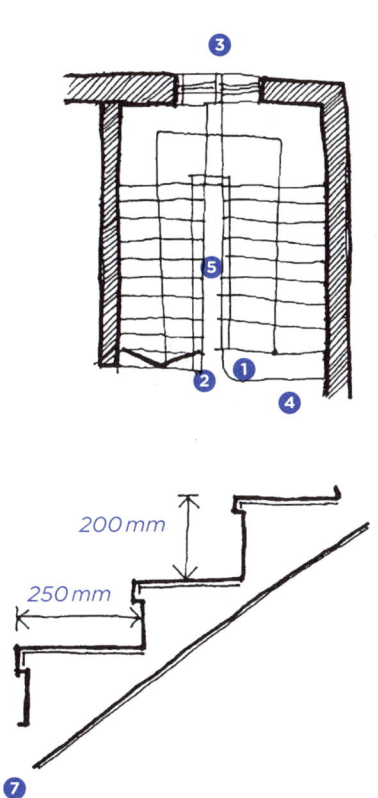

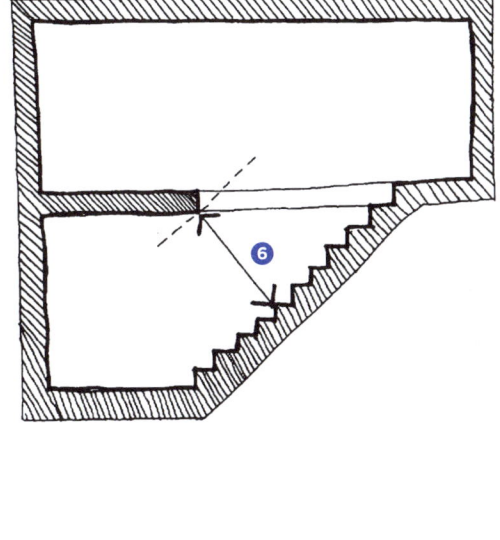

200 mm

250 mm

VERKEHRSWEGE IM GEBÄUDE UND VERSORGUNGSLEITUNGEN

Bei der Planung eines größeren Gebäudes sollten Sie versuchen, den Senkrechtverkehr zusammenzulegen (Treppen und Aufzüge, Eingangshallen und Toiletten). Das ist angenehmer für die Besucher des Gebäudes und spart Kosten, da Versorgungsleitungen einfach vertikal entlang der Aufzugsschächte und Treppen verlegt werden können (Steigleitungen). Achten Sie bei all Ihren Entwürfen darauf, dass Räume mit großem Installationsaufwand, wie Küchen und Bäder, dicht beieinander und in den Geschossen übereinander liegen, damit der Rohrverlauf optimal ist.

1 Aufzug
2 Versorgungsschacht
3 Putzmittelschrank

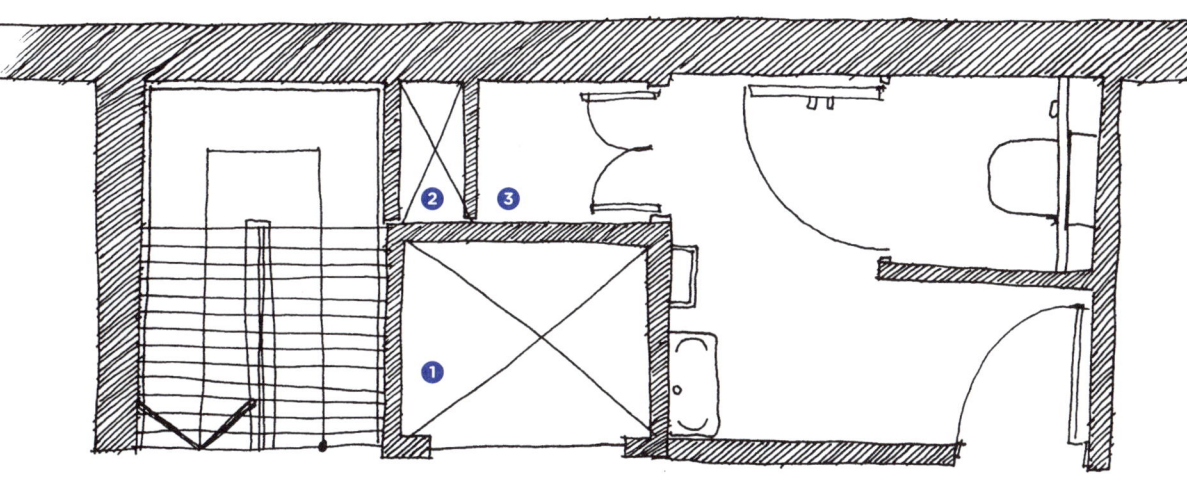

AUSRICHTUNG EINES GEBÄUDES

In gemäßigten und kalten Klimaten erfolgt die Ausrichtung eines Gebäudes nach der Sonne, also nach optimalem Lichteinfall und Wärmegewinn – zum einen aus Gründen der Nachhaltigkeit, zum anderen, da sich eine sorgfältige Ausrichtung auch auf die Lichtverhältnisse im Raum und das allgemeine Wohlbefinden der Bewohner bzw. Benutzer auswirkt. Schlafzimmer sollten wegen der Morgensonne nach Osten zeigen, Gärten, wenn möglich, nach Süden. Bei nach Süden ausgerichteten Räumen empfiehlt sich zum Schutz vor Aufheizung Sonnenschutz und Belüften. Wohnzimmerfester und Fenster über dem Arbeitsbereich der Küche sollten nach Westen ausgerichtet werden. Räume, die ohne Licht auskommen, wie Garagen und Bäder, sollten nach Norden zeigen, ebenso Werkstätten und Ateliers, in denen Schattenbildung unerwünscht ist. Ganz egal welche Funktion das Gebäude hat, denken Sie immer darüber nach, wie sich Licht und Schatten auf Ihren Entwurf auswirken.

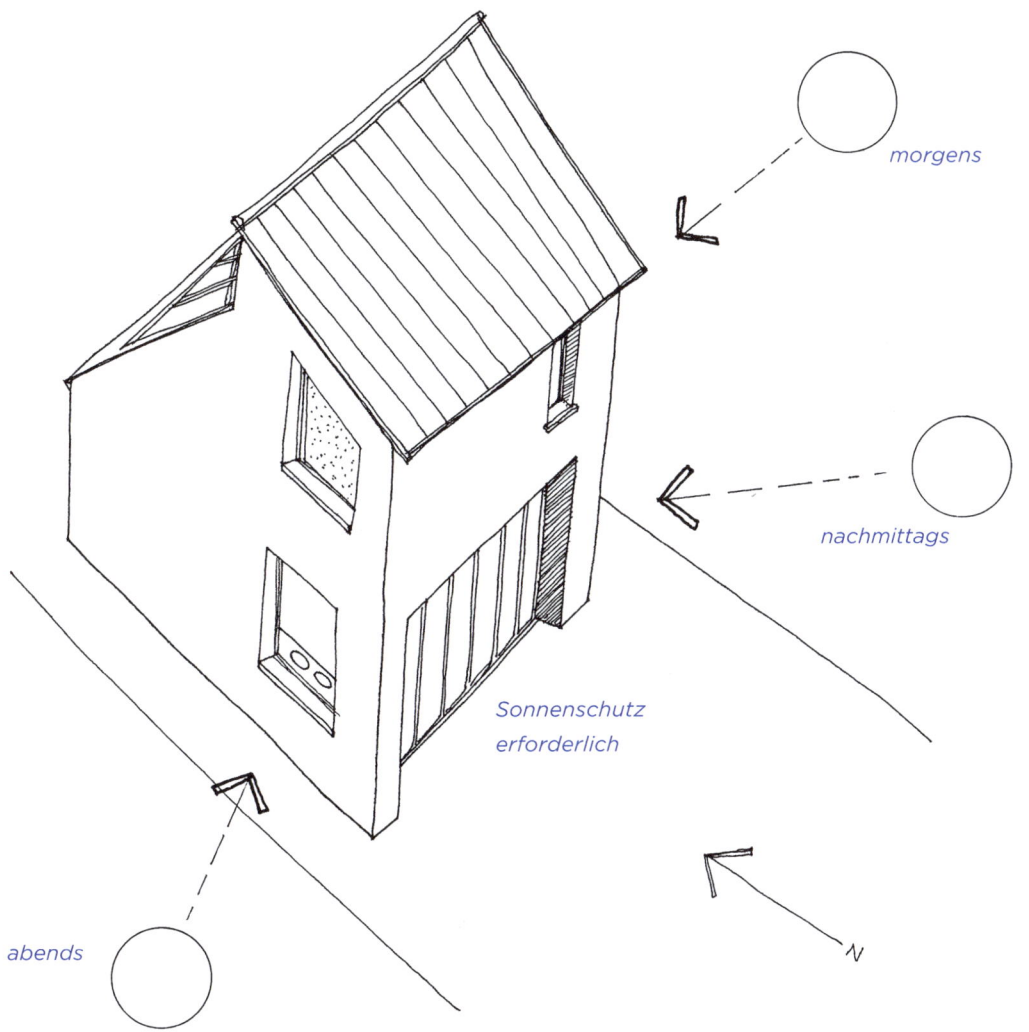

morgens

nachmittags

Sonnenschutz
erforderlich

abends

N

DIE DÄMMUNG

In gemäßigten und kalten Klimaten ist es unbedingt notwendig zu dämmen, um den Energiebedarf zu senken und ein angenehmes Raumklima zu schaffen. Doch wohin genau mit der Dämmung und was hat das für Folgen? Das gegenüberliegende Beispiel zeigt einen einfachen Wandquerschnitt. Beispiel A: eine von innen gedämmte Wand. Problematisch daran ist vor allem die Kondenswasserbildung zwischen Außenwand und Innendämmung. Es ist daher eine wirksame Dampfsperre erforderlich, die verhindert, dass Feuchtigkeit aus dem Innenbereich kondensiert, wenn sie im Punkt ❶ auf die kalte Außenwand trifft. Doch diese Dämmmethode hat auch einen Vorteil: Der Raum wird schneller warm und es muss keine Energie aufgewandt werden, um die Gebäudehülle aufzuheizen, wie bei Beispiel B. Hier befindet sich die Dämmung auf der Außenseite des Gebäudes. In diesem Fall ist eine äußere Schutzschicht notwendig, zum Beispiel Putz oder Holz. Bei dieser Dämmmethode ist es sehr unwahrscheinlich, dass sich Kondenswasser bildet, doch auch hier wird die Verwendung einer Dampfsperre am Punkt ❷ oder ❸ dringend empfohlen. Der Raum wird zwar langsamer warm, doch das Gebäude fungiert hier als Wärmespeicher und die täglichen Temperaturschwankungen fallen geringer aus.

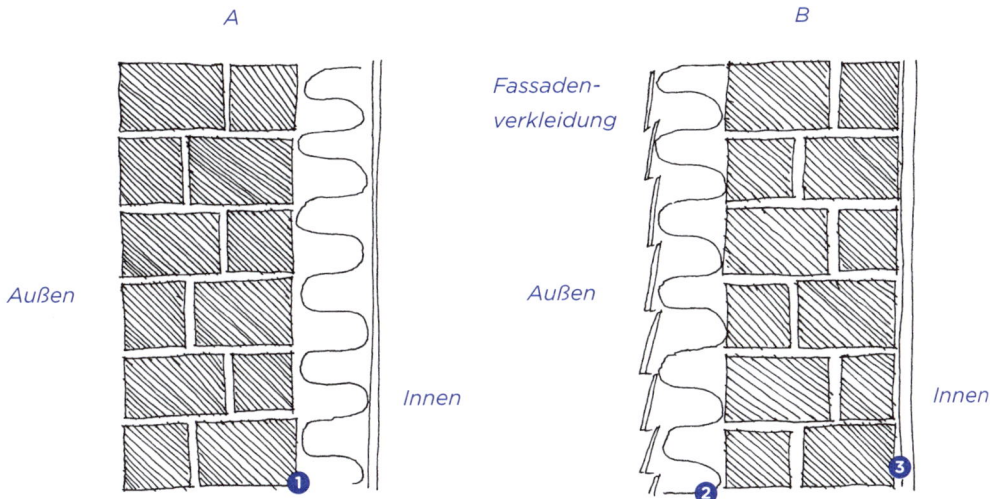

A

B

Fassaden-verkleidung

Außen

Innen

77

DIE TÜR

Eine Tür ist ein bewegliches Stück Wand. Sie ermöglicht den Zugang zu einem Raum und kann diesen, zum Schutz der Sicherheit, Privatsphäre und vor Kälte, ebenso gut verwehren.

1 Die herkömmliche Tür ist auf einer Seite mit Bändern versehen und lässt sich in den Raum hinein öffnen. Sie müssen also genug Platz für den Schwenkbereich der Tür einplanen. Sie verfügt über einen eigenen Rahmen (Zarge), der sie zusätzlich schützt und einen besseren Abschluss zum Putz gewährleistet.

2 Man kann aber auch eine Aussparung in der Wand anlegen, in die die Tür hineingeschoben wird. Bei dieser Variante ist allerdings eine größere Wandstärke erforderlich.

3 Türen im Stile einer Zugbrücke wirken immer aufregend, ebenso Rolltore und Doppelfalttüren.

4 Großes architektonisches Potential besitzt auch die Schwingtür mit versetztem Drehpunkt, insbesondere, wenn sie sehr groß ist, da es dann wirkt, als öffnete sich die gesamte Fassade.

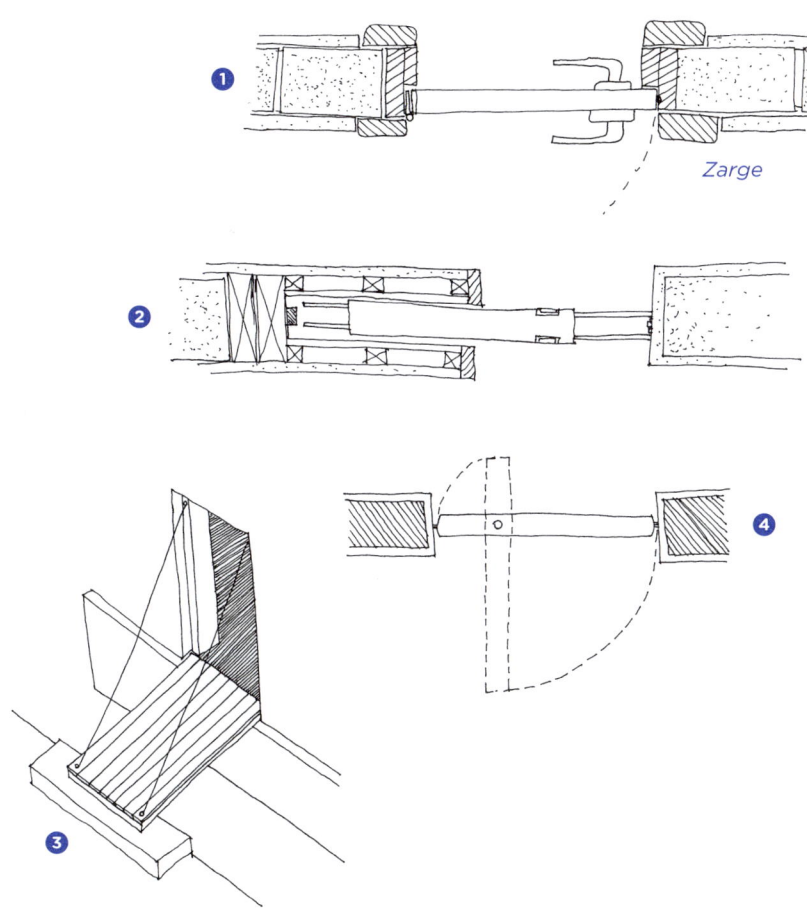

① ②

Zarge

③ ④

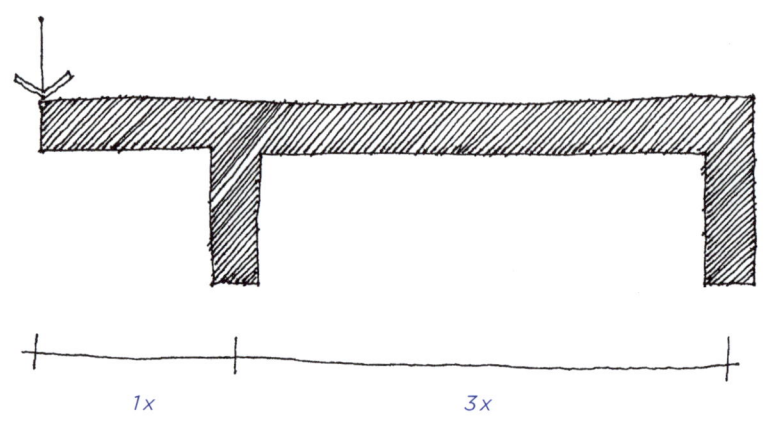

1x   3x

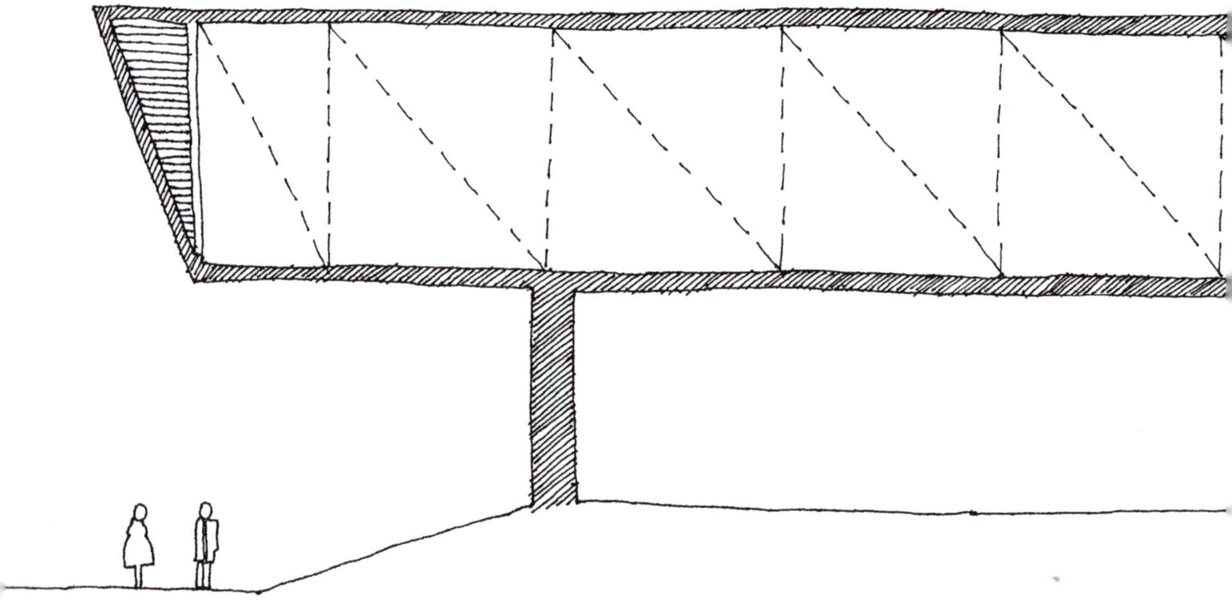

DIE AUSKRAGUNG

Eine Auskragung ist ein Bauteil, das nur an einem Ende verankert ist. Mit ihm lassen sich überhängende Konstruktionen umsetzen, die räumlich und optisch sehr reizvoll sein können. Im Allgemeinen muss bei einer Auskragung der Bereich hinter dem Auflager dreimal so lang wie das „frei schwebende" Bauteil sein (es gibt allerdings viele Ausnahmen von dieser Regel).

Stellen Sie sich das auskragende Bauteil als Dachbinder vor. Böscht man die Horizontalebene an und schrägt die Auskragung an der Stirnseite nach außen ab, lässt sich die Bewegung des Gebäudes unterstreichen.

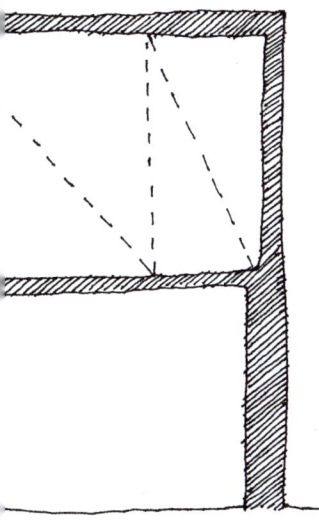

BERÜHRUNG ERWÜNSCHT / FINGER WEG

Die Gebäude des indischen Architekten Charles Correa (geb. 1930) kann man über die „Fußsohlen" erleben. Architektur wird nicht nur visuell wahrgenommen, sie spricht viele Sinne an. Die Bestandteile, mit denen wir in Berührung kommen, sind besonders wichtig. Das Auge bestätigt sozusagen, was die Hand bereits weiß. Sitzgelegenheiten sollten keine Wärme leiten, Türklinken gut in der Hand liegen. Handläufe und Balustraden sollten gut erreichbar und bis ins Detail durchdacht sein. Teilweise sind aber auch berührungslose Lösungen erstrebenswert. Vermeiden Sie, wo möglich, auf öffentlichen Toiletten Seifenspender und Türen, die manuell bedient werden müssen. Wie klingen Ihre Entwürfe, wie sehen sie aus und welche taktilen Eigenschaften haben sie?

BAUSTOFFE

Man kann über Architektur auch unabhängig von Materialeigenschaften nachdenken, planen und Ideen entwickeln. Es empfiehlt sich jedoch, so früh wie möglich in der Projektierungsphase/Konzeptphase konkrete Materialien ins Auge zu fassen. Stülpen Sie Baustoffe einer Form nicht einfach über, etwa wie Sie eine Wand nachträglich mit Tapete versehen. Arbeiten Sie stattdessen mit den Eigenschaften, die ihnen innewohnen, dann ergibt sich die Form teilweise schon aus der Materialwahl. Baustoffe sollten gut aussehen und außerdem langlebig, erschwinglich und vor Ort leicht einsetzbar sein. Verbindungen, Nähte und die Größe einzelner Elemente sollten aufeinander abgestimmt sein, so dass die Fassade ein Ganzes bildet und keine problematischen Verbindungsstellen entstehen. Neue Baustoffe können zu innovativen Formen und Bauweisen führen. Setzen Sie sie jedoch mit Bedacht ein, solange sie nicht erprobt sind.

Machen Sie nicht den Fehler, zu viele Materialien für ein Gebäude zu verwenden. Beschränken Sie sich bei der Gebäudehülle auf maximal drei.

NACHHALTIGKEIT

Das nachhaltigste Gebäude ist das, das erst gar nicht gebaut wird. Wenn Sie nun aber eines planen sollen, dann sollte es kompakt sein, eher passiv als technikzentriert (die Herstellung einer Solarzelle verschlingt viel Energie) und sorgfältig nach optimalem Lichteinfall ausgerichtet. Die verwendeten Baustoffe sollten bereits recycelt und erneut recycelbar sein und aus der Region stammen. Achten Sie auf eine lückenlose Dämmung der Gebäudehülle und vermeiden Sie in kalten Klimaten „Wärmebrücken". (Eine „Wärmebrücke" entsteht in der Gebäudehülle dort, wo durch unzureichende Dämmung Wärme von innen nach außen gelangt. Hier bildet sich mit großer Wahrscheinlichkeit auch Feuchtigkeit, da warme feuchte Luft an diesen Stellen kondensiert). In heißen Klimaten kommen normalerweise Klimaanlagen und Glasfassaden zum Einsatz, doch so wird es angesichts schwindender Erdölressourcen nicht weitergehen. In den Bereichen Raumheizung und Warmwasserbereitung kann man auch mit herkömmlicher Bauweise einiges zur Nachhaltigkeit beitragen.

1 Sammeln Sie Regenwasser und benutzen Sie es für Waschmaschine, Badewanne und Toilettenspülung.

2 Sammeln Sie Badewasser und bewässern Sie damit den Garten.

3 Erzeugen Sie Warmwasser mittels Holzheizung, Solaranlage und Elektro-Warmwasserspeicher.

4 Mit einer Wärmepumpenheizung kann sowohl geheizt als auch gekühlt werden.

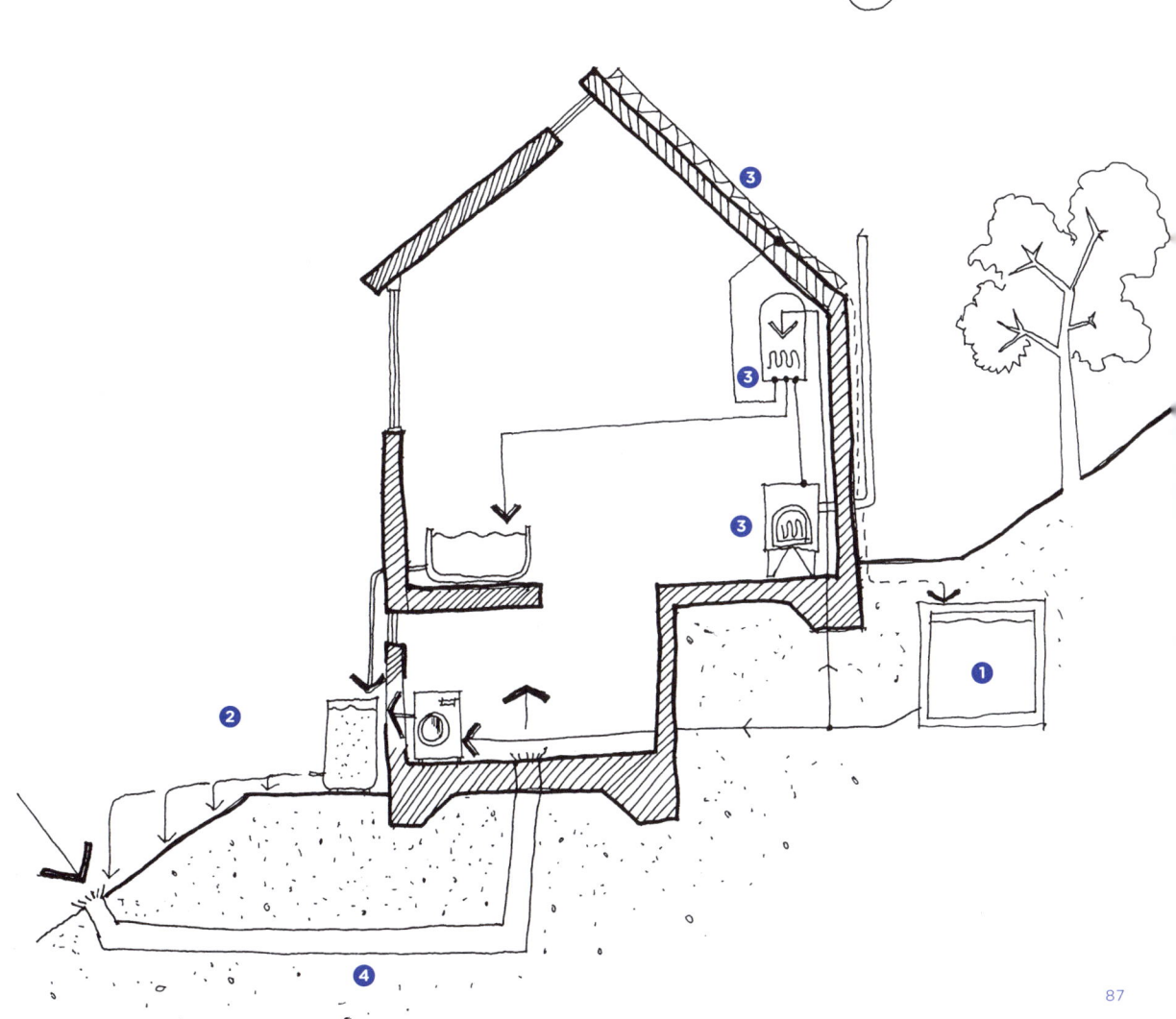

DIGITALES ERBE

Machen Sie Ihre Arbeit öffentlich. Dokumentieren Sie Ihre Resultate und veröffentlichen Sie sie. Bloggen Sie darüber. Fotografieren Sie Ihre Stadt, Wohngegend und Straßen und legen Sie ein Archiv an. Sie können auf diese Informationen immer wieder zugreifen und so aufmerksam verfolgen, wie sich Ihre Umgebung langsam verändert, indem neue Gebäude auftauchen und alte abgerissen werden.

ERSTELLEN SIE TÄGLICH SICHERUNGS-
KOPIEN ALL IHRER FOTOGRAFIEN UND
DIGITALISIERTEN ZEICHNUNGEN.
JETZT SOFORT.

KOMMUNIKATION

FÜR WEN ZEICHNEN SIE?

Zeichnungen dienen ganz verschiedenen Zwecken. Manche können zur Hilfe genommen werden, um Auftraggebern eine Vorstellung vom Gebäude zu vermitteln. Andere dienen der Ermittlung des Verkaufspreises eines Gebäudes oder zur Orientierung während der Bauphase. Als Architekten erstellen wir während des Entwurfsprozesses auch noch andere, mit Hilfe derer wir über die entstehenden Räume und Formen nachdenken. Wie Sie zeichnen, wirkt sich auf Ihre Entwürfe aus. Ihre Zeichnungen und grafischen Darstellungen sollten Ihre Ideen oder Vorstellungen klar ausdrücken. Zunächst einmal dürfen Sie keine Angst haben, dass Ihr Zeichenstil zu ausdrucksstark oder experimentell sein könnte. Außerdem sollten Sie sich nicht übereilt an den Computer setzen. Spielen Sie Ihre Idee stattdessen erst einmal ausgiebig in Form von Skizzen durch. Wechseln Sie zwischen Grundriss, Schnitten, Detailzeichnungen und groben 3D-Darstellungen hin und her, damit sich Ihre Idee entwickeln kann.

Manche Zeichnungen für Präsentationszwecke werden auch beim „Verkauf" des Projektes verwendet. Wirkt ein Gebäude schon auf dem Papier nicht gut, wird es ganz bestimmt auch nicht gut aussehen, wenn es erst einmal gebaut ist. Achten Sie immer darauf, für wen Ihre Zeichnungen bestimmt sind, und gestalten Sie sie entsprechend.

STRICHSTÄRKEN

Die Breite der Linien auf einer Zeichnung ist sehr wichtig, da sie die Zeichnung lesbarer macht, den Eindruck von Tiefe erzeugt und eine optische Hierarchie schafft, die unterschiedliches Gewicht verleiht. Die Grundlinie muss sehr stark sein – sonst wirkt das Gebäude, als „schwebe" es auf dem Papier. In Aufrissen dienen breitere Linien zur Darstellung von Objekten, die „näher" am Betrachter liegen sowie manchmal von Schatten. In Grundrissen stehen sie für Bauteile und Gebäudehülle. In Schnittdarstellungen ist die breiteste Linie den Schnittflächen, also den „durchgeschnittenen" Bauteilen, vorbehalten. Alles jenseits der Schnittfläche wird hingegen mit den schmalsten Linien dargestellt. Die falsche Anwendung von Strichstärken führt in den meisten Fällen zu fehlender Tiefe und Unlesbarkeit der Zeichnung.

HALTEN SIE SICH AN DIE FOLGENDEN STRICHSTÄRKEN (IN MILLIMETERN): 0.13; 0.18; 0.25; 0.35; 0.5; 0.7; 1.0; 2.0

95

BESCHRIFTUNG

Versehen Sie Ihre Zeichnung mit einem Titel und geben Sie an, was sie darstellt, z. B. „Schnitt A-A". Beschriften Sie die Räume, geben Sie die Baustoffe an und verwenden Sie Anmerkungen oder Pfeile, um Blickrichtung, Verlauf und Zweck der Zeichnung deutlich zu machen.

Ohne diese Informationen sind Zeichnungen nicht eindeutig. So könnte die Abbildung auf dieser Seite entweder eine Glühlampe darstellen oder eine Person in einer Badewanne, die sich nach vorn beugt. Unklarheiten und Mehrdeutigkeit lassen sich durch Anmerkungen verhindern.

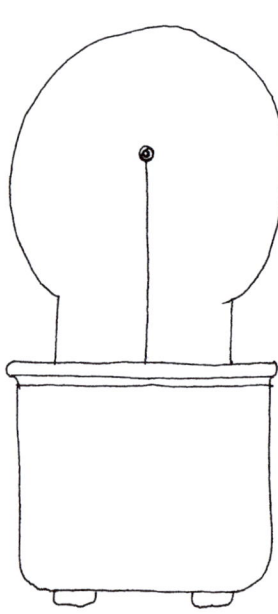

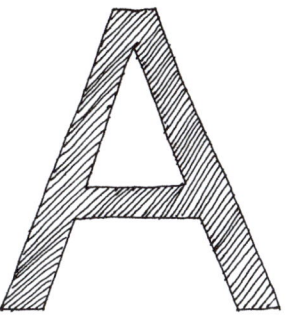

mit Serifen   *ohne Serifen*

SCHRIFTARTEN

Die Schriftart ist wichtig: Garamond (mit Serifen) und Helvetica (ohne Serifen) drücken beispielsweise ganz unterschiedliche Dinge aus. Für welche Schriftart Sie sich entscheiden sollten, hat mit der beabsichtigten Botschaft zu tun. Die Serifenschriften verdanken ihre Existenz dem Meißel des Steinmetzes, da sie bei seinem Einsatz teilweise zwangsläufig entstanden. Die serifenlose Schrift hat sich dieser unzeitgemäßen Komponente entledigt. Serifen stehen für „Etabliertes", Tradition und Langlebigkeit, serifenlose Schriften hingegen für Klarheit und Lesbarkeit. Es geht hier nicht darum, was wir sagen, sondern wie wir es sagen.

DIE KAVALIERPERSPEKTIVE (AXONOMETRIE)

Erstellen Sie auf der Grundlage Ihrer Baupläne eine Kavalierperspektive (auch Parallelperspektive: 3 D-Zeichnung eines Aufrisses, unverzerrt). Auf diese Weise können Sie Ihre Ideen wunderbar ausdrücken, denn sie bietet Maßstabstreue und täuscht Tiefe vor, was die räumlichen Stärken Ihres Entwurfes unterstreicht. Sie ermöglicht die kompakte Darstellung von Grundriss, Aufriss, Schnitt und selbst baulicher Details. Die Kavalier-perspektive kann auch gut für all jene verwendet werden, die sich mit Grundrissen und Schnitten nicht auskennen. Zeichnen Sie alle Ihre Projekte in Kavalierperspektive und zeigen Sie, dass Sie Funktionsweise und Aussehen des Gebäudes verinnerlicht haben.

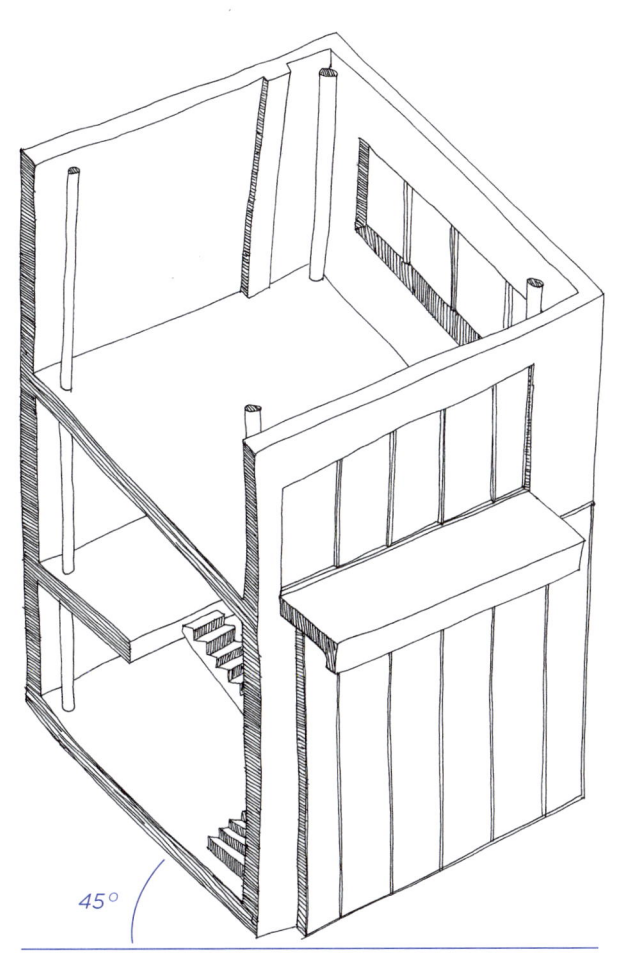

45°

DER GRUNDRISS

Beim Grundriss handelt es sich um eine stark abstrahierte Darstellung. Denken Sie sich einen waagerechten Schnitt durch das Gebäude in etwa einem Meter Höhe über dem jeweiligen Geschoss – das ist es, was wir in einem Grundriss darstellen. Er zeigt nicht die räumlichen Eigenschaften eines Bauwerkes, sondern dient der Einrichtungsplanung und hilft dabei, Räume, beispielsweise zum Zwecke der Vermietung, sinnvoll aufzuteilen.

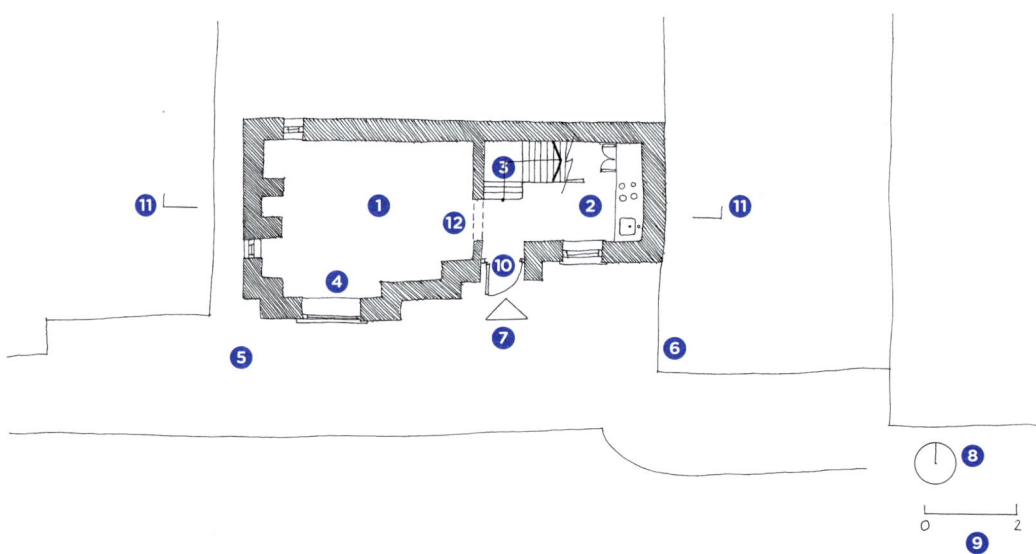

1. Beschriften Sie jeden Raum.

2. Ergänzen Sie Mobiliar und wichtige nichtbewegliche Einrichtungsgegenstände (wie Küchenzeilen).

3. Kennzeichnen Sie bei Treppen mit einem Pfeil die Laufrichtung (immer von unten nach oben).

4. Beschriften Sie Öffnungen hinsichtlich ihrer Funktion. Dienen sie der Aussicht oder der Be-/Entlüftung?

5. Entscheiden Sie, welche Materialien Sie für die Außenanlagen verwenden wollen, und zeichnen Sie sie ein.

6. Stellen Sie auch die angrenzenden Gebäude dar – je mehr Kontext, umso besser.

7. Zugang. Wie gelangen die Bewohner/Nutzer hinein, hinaus und um das Gebäude herum? Heben Sie den Haupteingang hervor.

8. Tragen Sie einen Nordpfeil ein und richten Sie den Grundriss, wenn möglich, immer so aus, dass Norden oben ist (auf der Südhalbkugel so, dass Süden oben ist).

9. Geben Sie den Maßstab an, z.B. 1:50 (oder, wenn die Zeichnung am Computer erstellt werden soll, eine Maßstabsleiste, s. gegenüberliegende Seite).

10. Alle Türen und Eingänge sollten deutlich zu erkennen sein und nicht im Widerspruch zu anderen Gebäudefunktionen stehen.

11. Kennzeichnen Sie die Schnittflächen (s. S. 104).

12. Gestrichelte Linien deuten auf ein darüber liegendes Element hin, z.B. auf ein Mezzanin (niedriges Zwischen- oder Halbgeschoss) oder eine Öffnung in der Decke.

DER NORDPFEIL

Er ist klein und doch von großer Bedeutung für jeden Grundriss. Sein Fehlen stiftet höchstwahrscheinlich Verwirrung und kann sogar in der falschen Ausrichtung des Gebäudes bei der Bauausführung resultieren. Es genügt ein kleiner Kreis mit einer Radiuslinie zum obersten Punkt des Kreises. Ein Nordpfeil muss nur auf Grundrissen angegeben werden. (Auf der Südhalbkugel wird ein Südpfeil verwendet.)

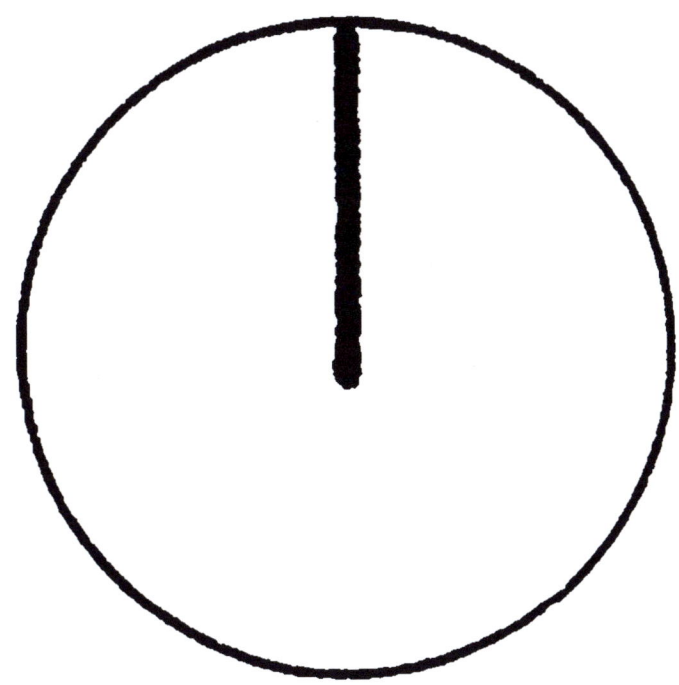

DER SCHNITT

Eine Schnittdarstellung ist wahrscheinlich die wichtigste Architektur-
zeichnung überhaupt. Schnittebenen sollten so gewählt werden, dass sie
Veränderungen in der Waagerechten zeigen – wie bei Treppen, Öffnungen
und überhohen Räumen sowie anderen Merkmalen der Gebäudeinnenseite,
z. B. Innenhöfen. Der Schnitt offenbart die räumlichen Qualitäten des Entwurfs und kann, wenn nötig, auch den Wandaufbau illustrieren. Sie sollten
auch dort einen Schnitt legen, wo die Gebäudehülle Form oder Richtung
ändert. Bei komplexen Formen kann es durchaus erforderlich sein, nach
jedem Meter einen Schnitt zu setzen.

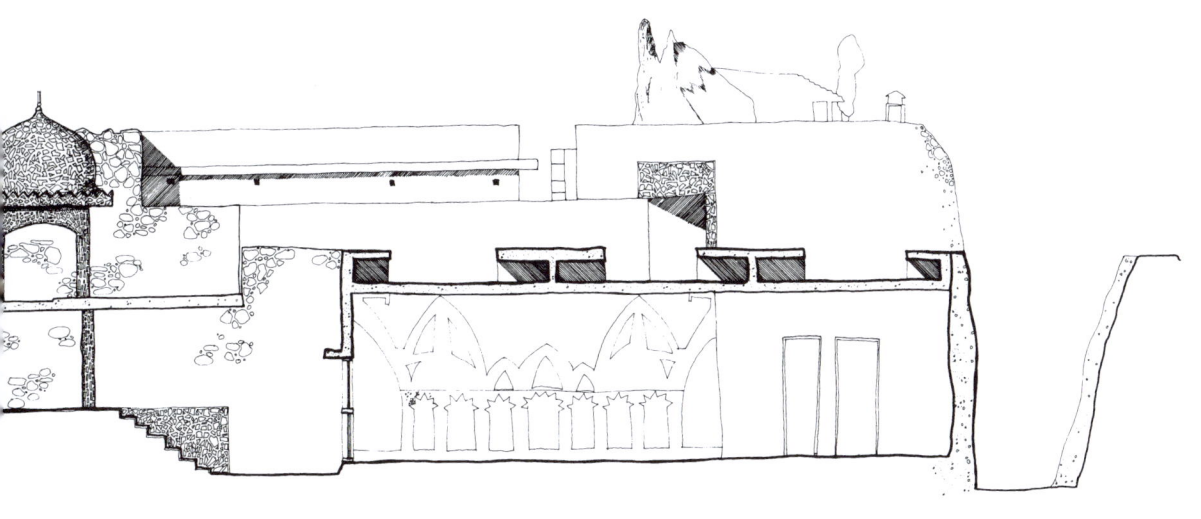

0 1 2 3

GOO3

DIE ANSICHT

Die Ansicht zeigt die Außenansicht eines Gebäudes. Jede Seite des Gebäudes wird separat maßstabsgetreu dargestellt, unverzerrt, als wäre der Betrachter von all seinen Teilen gleich weit entfernt. Eine reine Ansichtsdarstellung ist zwar äußerst selten, doch sie hilft bei der Entscheidung, wie ein Gebäude aussehen soll.

Berücksichtigen Sie die Materialien und vergessen Sie vor allem nicht, mittels Schraffuren Schatten darzustellen. Eine gute Ansichtszeichnung sollte, obwohl sie nur ein flaches Abbild ist, die Dreidimensionalität des Gebäudes vermitteln. Ohne Schatten fehlt die Tiefe und ist es schwierig, aus der Zeichnung herauszulesen, welche Bestandteile der Fassade weiter vorn, welche weiter hinten liegen.

So wirken die Fenster in der Ansicht auf der gegenüberliegenden Seite ins Mauerwerk eingelassen, da das Auge die stärkeren schwarzen Linien als Schatten interpretiert. Außerdem lassen die von den Gaubenfenstern geworfenen kleinen dreieckigen Schatten darauf schließen, dass das Hauptdach ein Satteldach ist. In architektonischer Hinsicht ist dieses Gebäude sicher nicht besonders gut, doch einige Prinzipien sind hier durchaus vorbildlich umgesetzt worden: Die Fassade ist in sieben vertikale Felder untergliedert – bei Fassadenfeldern wirkt eine ungerade Zahl immer besser als eine gerade. Das zentrale Fassadenfeld ist höher angelegt, um den Eingang hervorzuheben, seitlich versetzt würde er aber genauso gut wirken. Und schließlich ist das Gebäude in der Horizontalen in einen oberen, mittleren und unteren Teil gegliedert – eine gelungene und nachahmenswerte Art der Fassadengestaltung.

Sollte die Fassade die Gebäudefunktionen spiegeln oder völlig unabhängig von dem gestaltet sein, was im Inneren vor sich geht?

BRINGEN SIE IHRE IDEE IN 20 SEKUNDEN ZU PAPIER

Wenn Sie Ihre Entwurfsidee nicht innerhalb von 20 Sekunden erklären und skizzieren können, ist sie entweder zu komplex oder Sie haben sie noch nicht zur Genüge durchdacht.

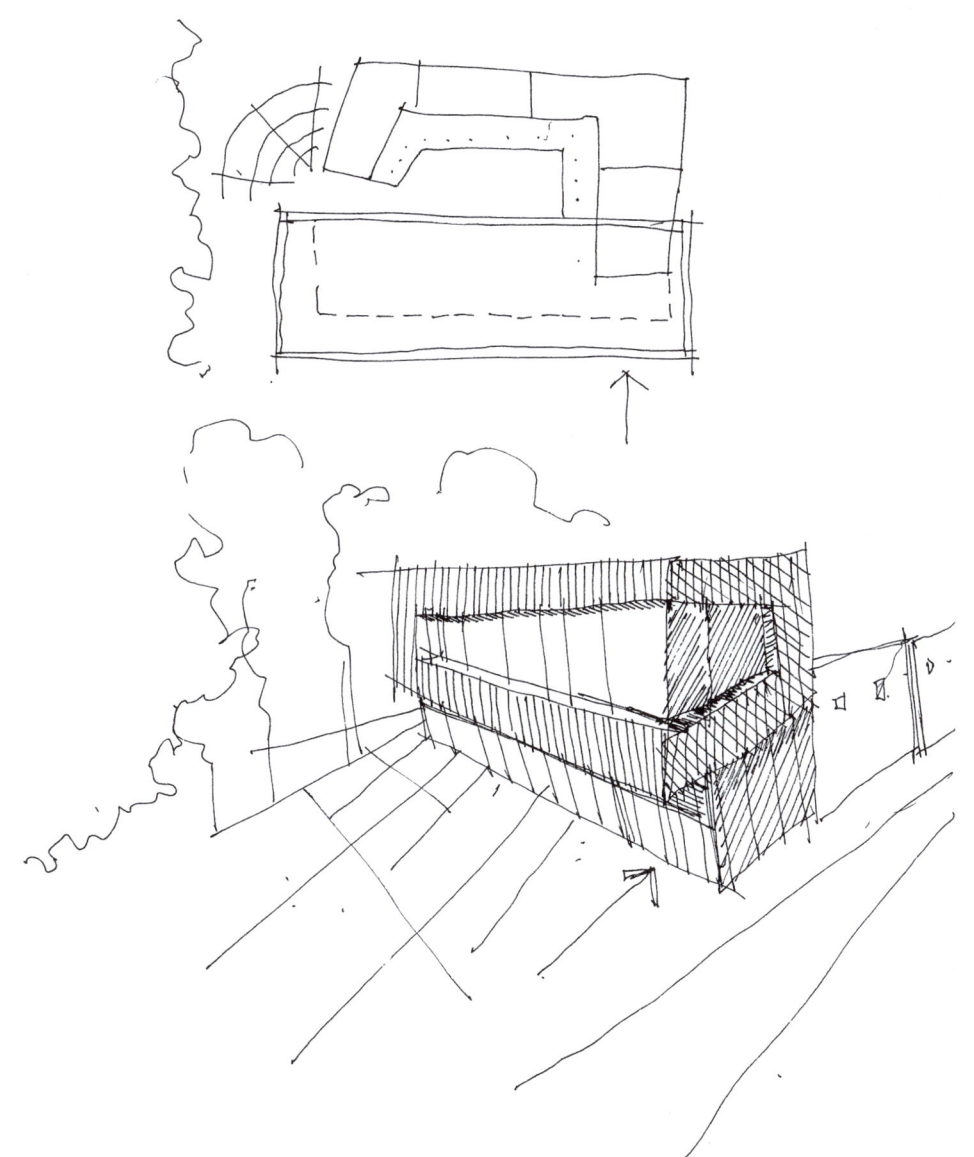

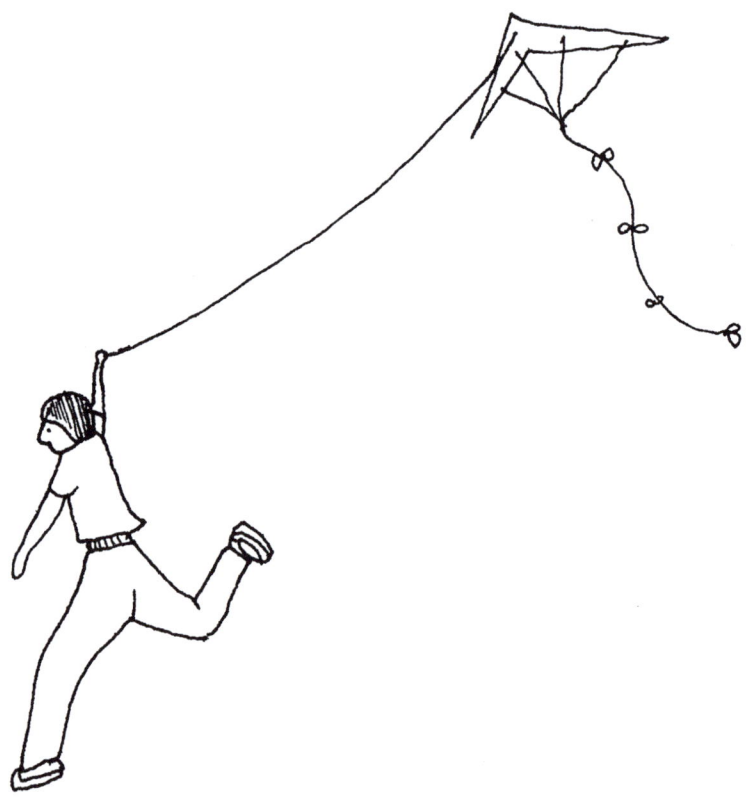

MENSCHEN

Vergessen Sie nicht die Menschen in Ihren Entwürfen, insbesondere in Ansichten. Sie deuten auf den verwendeten Maßstab hin, illustrieren Möglichkeiten der Raumnutzung und hauchen dem Entwurf „Leben" ein. Sind auf einer Zeichnung viele Menschen zu sehen, sendet das die Botschaft, dass der betreffende Raum von Erfolg gekrönt, gut besucht und einträglich sein wird. Menschen, die Drachen steigen lassen, und Menschen mit Hunden sind ein Muss.

DAS RASTER

Ein Raster ist sehr hilfreich beim Entwerfen, Planen und Gliedern.
Verwenden Sie es, um Fassaden zu gestalten und tragende Stützen
und Wände anzuordnen, und auch bei der Gestaltung Ihrer
Präsentationsunterlagen. Ein Raster muss nicht Gleichförmigkeit
oder banale Wiederholung nach sich ziehen – es verleiht Ihren Arbeiten
formalen Zusammenhalt und Klarheit. Es wird auch in der Stadtplanung
eingesetzt, um Flächen zu gliedern und Flurstücke festzulegen. So legte
Le Corbusier das Straßennetz der indischen Planstadt Chandigarh
schachbrettartig an. Allerdings unterteilte er jeden Sektor nochmals
durch Straßen, die keinerlei Bezug zum Schachbrettmuster aufweisen.

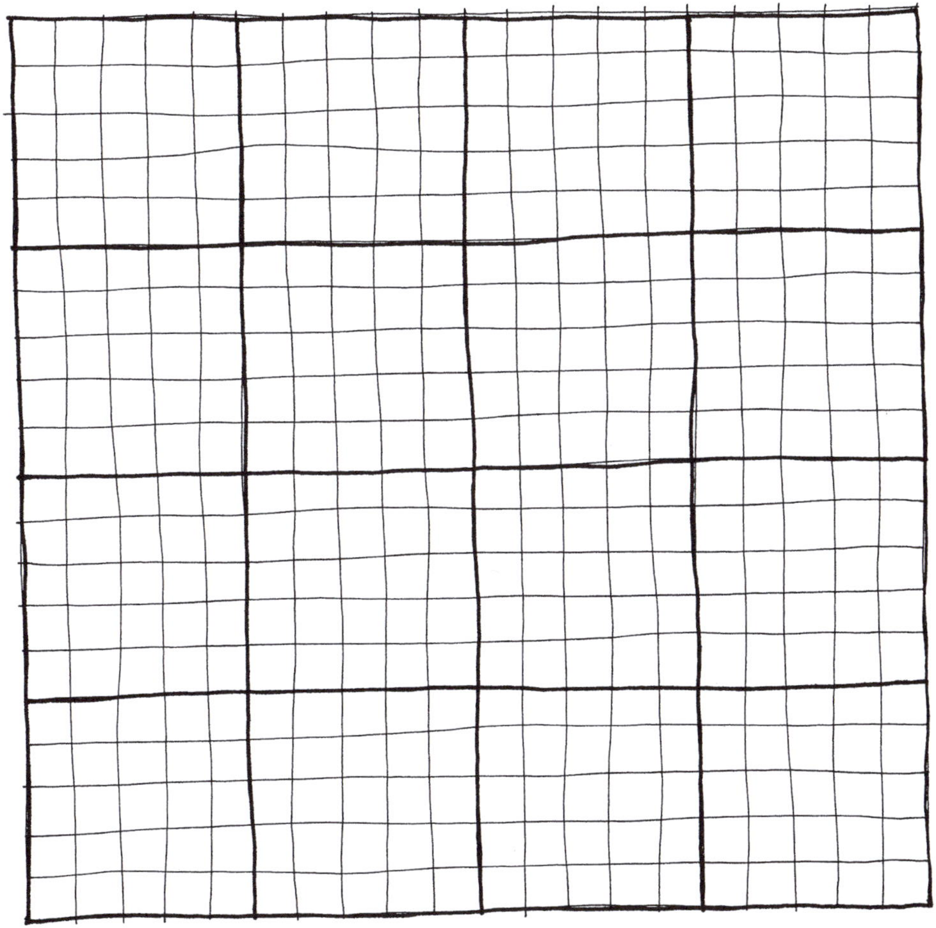

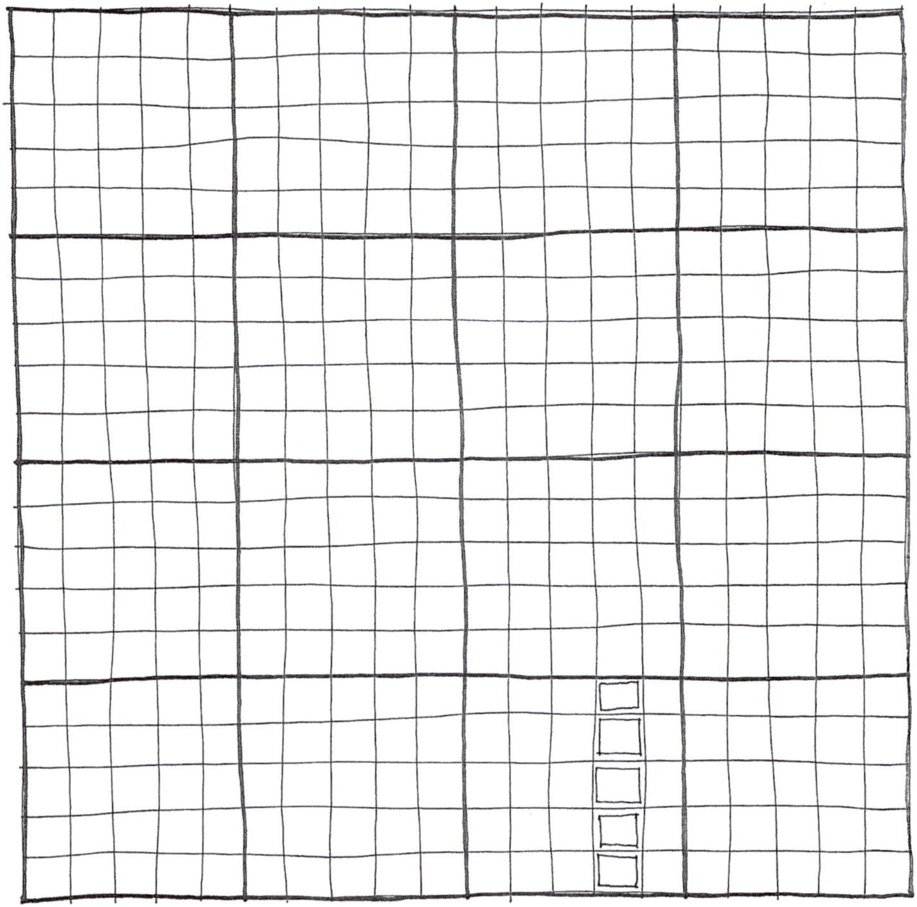

AUS DEM RASTER AUSBRECHEN

Nach dem Anlegen eines Rasters dürfen Sie sich ruhig trauen, ein Element zu verwenden, das aus dieser Gleichförmigkeit ausbricht, sie unterbricht. So können Sie durch eine einfache Abweichung in die eine oder andere Richtung Dinge hervorheben oder Auflockerung bewirken. Wenn Sie ein Raster zur Fassadengestaltung nutzen, können Sie beispielsweise einen Eingang oder eine Treppe hervorheben, um die strenge Formalität aufzubrechen.

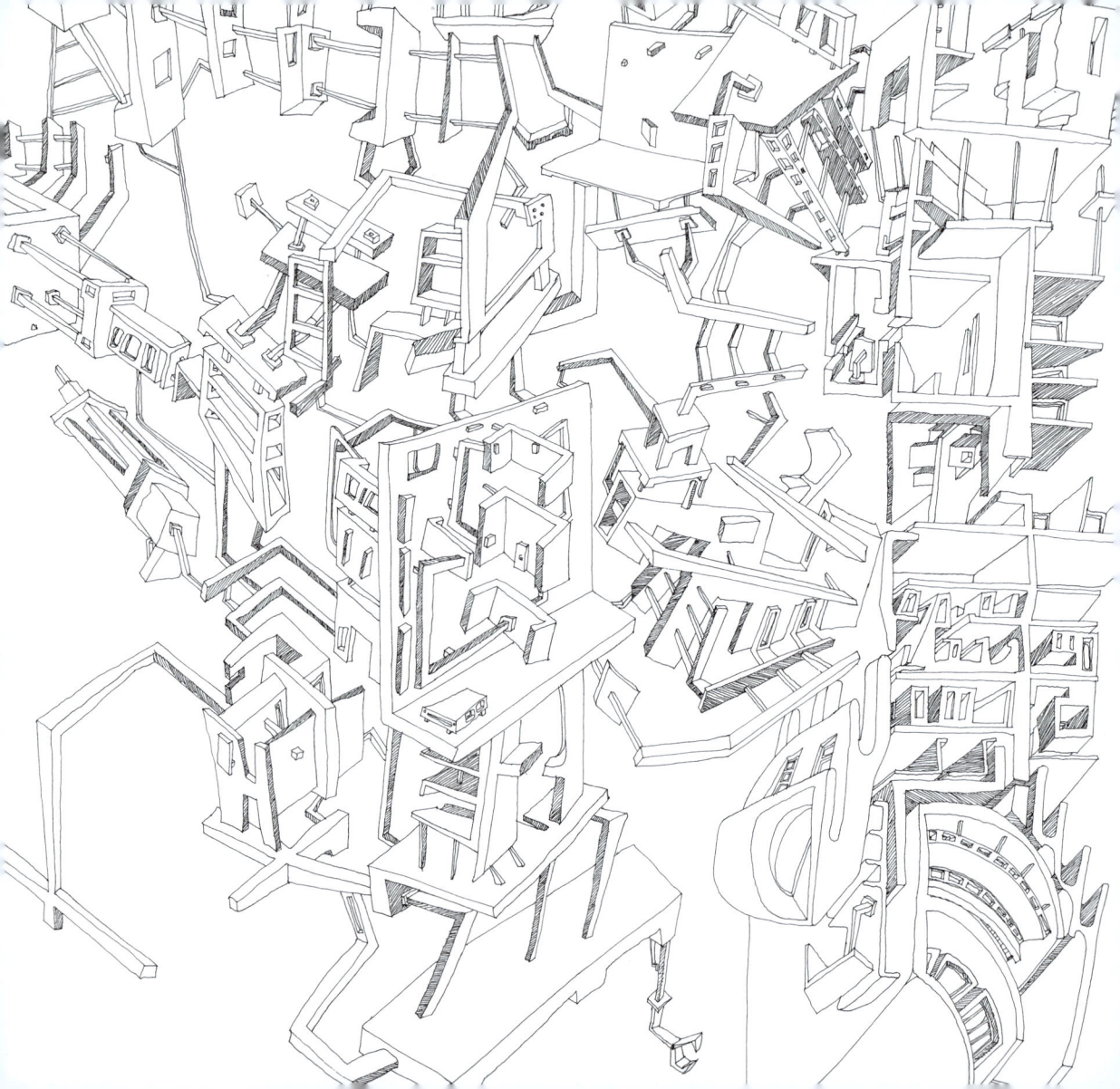

PROZESS

KONTEXT

Der Versuch, sich auf einen Kontext einzulassen, sollte nicht in Mittelmäßigkeit und Anbiederung an die dominante Architektur resultieren. Vergessen Sie jedoch nie, dass Ihr Entwurf für einen ganz konkreten Ort bestimmt ist, und beziehen Sie daher immer die nähere Umgebung in Ihre Ansichten ein. Einige Studenten bilden zu beiden Seiten ihres Entwurfsobjekts nur wenige Meter der Umgebung ab (Gebäude oder sonstige Flächen). Sie sollten aber mindestens einen Häuserblock oder die gesamte Straße einbeziehen. Je mehr Kontext Sie Ihren Zeichnungen verleihen, umso besser.

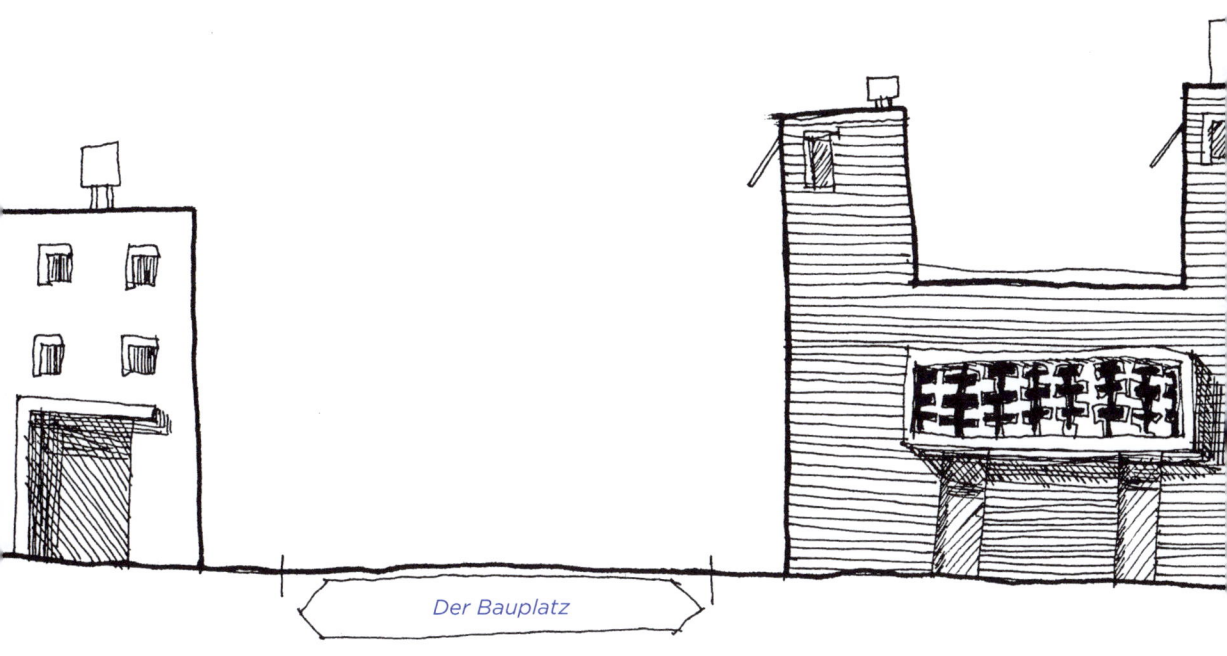

Der Bauplatz

VERDAMMT GUTER GESCHMACK

Warum gefallen Ihnen bestimmte Dinge, Bauweisen, ein bestimmtes Aussehen? Was hat Sie diesbezüglich geprägt? Vertrauen Sie Ihrem guten Geschmack – arbeiten Sie aber auch daran, indem Sie sich intensiv mit Geschichte, Technik und Technologie sowie aktuellen Trends befassen. Scheuen Sie sich nicht vor Entwürfen, die andere schrecklich finden. Lehnen Sie nicht automatisch das Gängige, Nachahmende oder Gewöhnliche ab. Moderne und minimalistische Lösungen sind nicht immer die besten.

ZEREMONIE, MYTHEN UND RITUALE

Einem großen Teil der Architektur liegt der Gedanke eines „Prozessionsweges" zugrunde: Die meisten herausragenden Bauwerke strahlen auf ihre Besucher etwas Rituelles aus, wirken, als luden sie auf eine Reise durch die verschiedenen choreografierten und kuratierten Räume ein. Überlegen Sie sich, welche räumliche Erfahrung Sie dem Besucher mitgeben wollen, der sich auf die Reise durch Ihr Design begibt, welche Gefühle Sie in ihm wecken möchten. Wir konzentrieren uns heute zu stark auf die Form. Die Kunst in der Baukunst ist jedoch nicht so sehr, eine aufregende Form zu schaffen, sondern einen spannenden Raum, der dazu einlädt, ihn zu erleben. Gegenüber werden Sie auf drei Reisen entführt, die alle – allerdings auf ganz unterschiedliche Weise – zu einem Artefakt hinführen.

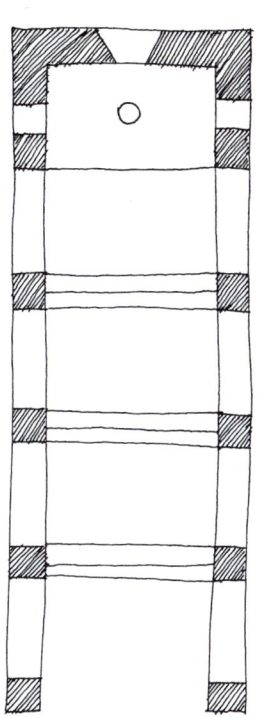

Offener Kolonnadengang

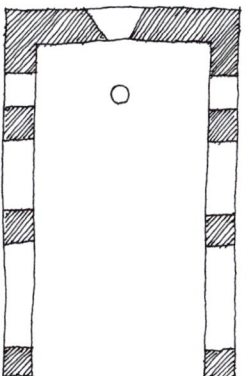

Schnell und kurz,
doch auch intim

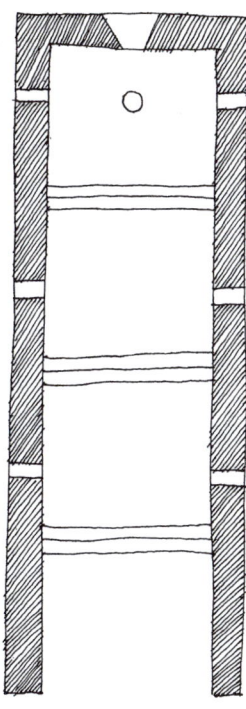

Geschlossen, dunkel
und mysteriös

REDUZIEREN SIE ARCHITEKTUR NICHT NUR AUF RAUM, FORM UND LICHT

Manchmal behandeln wir einzelne Bereiche der Architektur – etwa Materialien, Tragwerk und Gebäudetechnik – als seien sie etwas Eigenständiges, nicht integraler Bestandteil der Architektur. Wir sollten auch nichts als „bloßes" Detail oder Gegenstand der Stadtplanung abtun – all das ist Architektur. Lesen Sie die Liste unten laut vor und denken Sie über diese Wahrheiten nach.

ARCHITEKTUR IST TRAGWERK
ARCHITEKTUR IST MATERIAL
ARCHITEKTUR IST DETAIL
ARCHITEKTUR IST STADTPLANUNG

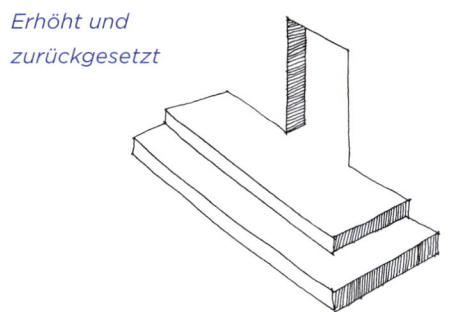

Erhöht und zurückgesetzt

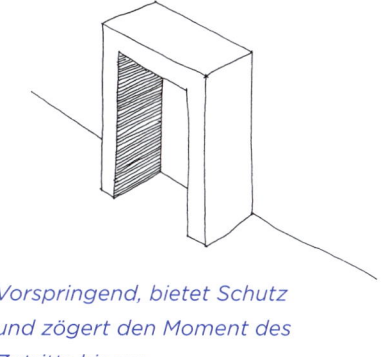

Vorspringend, bietet Schutz und zögert den Moment des Zutritts hinaus

FASSADE – RÜCKSEITE/ ÖFFENTLICH – PRIVAT

Unterscheiden Sie zwischen Fassade/Öffentlichem und Rückseite/ Privatem. Das wird Ihnen bei Ihrem Entwurf und bei der Fassaden- gestaltung helfen. Die Fassade und der Eingang eines Gebäudes sollten immer auch ohne Beschilderung erkennbar sein.

Eingänge sollten ein fester Bestandteil der Fassadengestaltung sein. Möchten Sie sie hervorheben, können Sie sie erhöhen, vorspringen lassen oder zurücksetzen.

FOKUS

Blickfänge, Landmarken und Achsen (gedachte Geraden) machen weithin sichtbar. Sie können Menschen anziehen, sie von etwas ablenken oder einfach das Auge erfreuen. Eine Achse ist förmlich und linear. Durch ihren eindeutigen Anfangspunkt hält sie das Ziel immer im Blickfeld. Weniger formal sind Blickfänge, die zum Erkunden und Entdecken auffordern, als spielten sie Verstecken mit dem Betrachter. Sie zeigen sich ihm nur kurz, um schon im nächsten Augenblick hinter einer Wand oder Landschaft zu verschwinden – man könnte sie als Posse der Architektur bezeichnen.

❶ Ausgangspunkt
❷ Maueröffnung gibt Blick auf den Tempel frei
❸ Blick vom Tempel auf Bootshäuser und See
❹ Grotten laden zum Erkunden ein

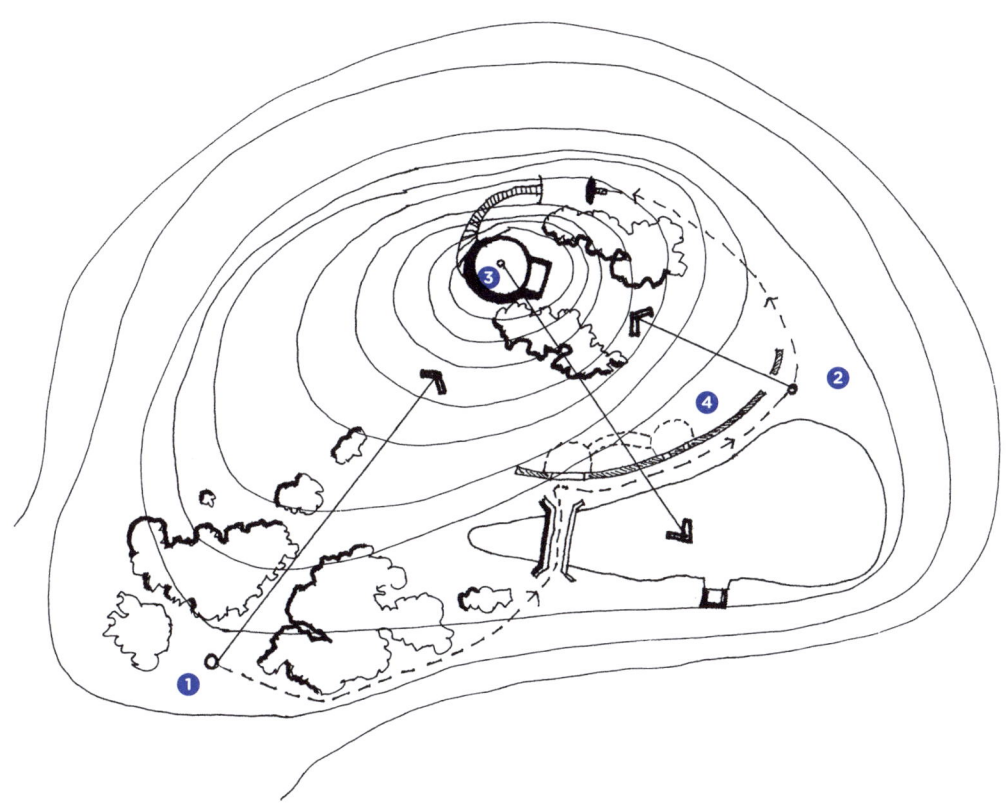

ZWISCHENRÄUME

Auch der zwischen Formen entstehende Raum muss gestaltet werden.
Schaffen Sie hier Orte, an denen man sich austauschen, begegnen und
Menschen beobachten kann. Sie müssen windgeschützt und auch mit
Regen-/Sonnenschutz versehen sein und sollten gut einsehbar sein,
so dass man sich an ihnen sicher fühlen kann. Sie sollten dort geplant
werden, wo Menschen sich gern aufhalten, nicht zu abgelegen sein und
auch nicht zu dicht an einer Hauptverkehrsstraße liegen. Treppenstufen
können auch als Sitzgelegenheiten dienen, Pflanzgefäße als Tische und
subtile Materialveränderungen zur Abgrenzung. Planen Sie Innenräume
für zufällige Begegnungen – Orte, an denen Leute gern auf ein Gespräch
verweilen und spontan aufeinandertreffen.

CHRONOLOGIE

Eine chronologisch angelegte Zeichnung zeigt, wie sich ein Gebäude, eine Fläche, Straße oder Stadt im Laufe der Zeit verändert hat. Sie könnten natürlich eine Karte verwenden, um das Kommen und Gehen von Gebäuden und Straßen zu verdeutlichen – doch die chronologisch angelegte Zeichnung ist die bessere Geschichtenerzählerin. Die unten abgebildete Zeichnung von Chandigarh versucht, die Entwicklung (oder Geschichte) eines Stadtteils zu zeigen, indem sie den schrittweisen Stilwandel festhält.

1950er

1960er

1980er

FOLGE VON ANSICHTEN

Mit einer Folge von Ansichten lässt sich Bewegung durch einen Raum darstellen. Stellen Sie sich jede Zeichnung als ein Einzelbild eines Films vor. Ziel ist, die Ansichten zu zeigen, die auf unserem Weg durch ein Gebäude auf uns einwirken. Hier werden drei Skizzen gezeigt, es kann jedoch auch alle fünf Meter eine Zeichnung angefertigt werden.

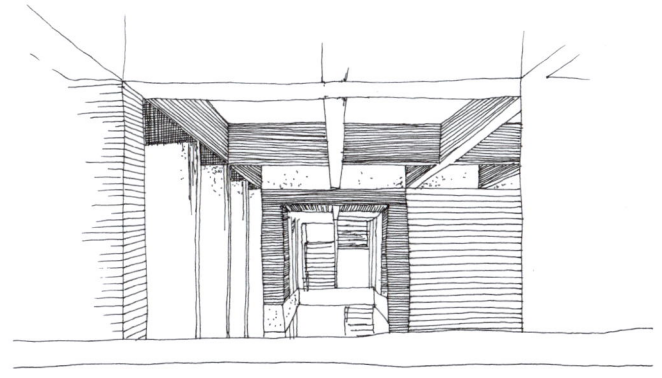

DIE SCHWELLE

Die Schwelle markiert den Übergang zwischen zwei Räumen. Seien Sie sich der Grenzen Ihres Entwurfes bewusst und versuchen Sie sie zu setzen. Während eine Türöffnung das offensichtlichste Beispiel für eine Schwelle ist, gibt es auch noch andere, durchlässigere und weniger greifbare Schwellen, die Sie durch Niveauwechsel und Veränderung von Material und Volumen erreichen. Nutzen Sie die Schwelle zur Raumgliederung und um deutlich erkennbare Aktivitätsbereiche zu schaffen.

❶ *Eine Wand:* Selbst wenn ein Raum weder Tür noch Dach aufweist, impliziert das Vorhandensein einer Wand Eigentum und Privatsphäre. Hierbei handelt es sich um die einfachste Form der Schwelle.

❷ *Materialien:* Sie können eine Schwelle auch durch einen einfachen Wechsel des Bodenbelages schaffen und so Grenzen definieren.

❸ *Markierungen:* Das sind einfache Objekte, die der Festlegung einer Grenze dienen. Zur Einfriedung genügt schon eine Reihe kleiner Steine.

❹ *Wasserbecken/-gräben/-läufe:* Eine Schwelle entsteht nicht nur durch das Hinzufügen von Material für eine Wand, sondern auch durch dessen Entfernen. Besonders effektiv ist die Anlage eines spiegelnden Wasserbeckens vor einem Gebäude – es lässt es größer erscheinen und kann zur Gebäudekühlung beitragen.

❺ *Bepflanzung und Bewuchs:* Ein lebender Zaun dient nicht nur zur Abgrenzung, er hat auch eine Schutzfunktion.

❻ *Höhenunterschiede:* Der Raum zu beiden Seiten der Treppe scheint zu ihr „dazu-zugehören".

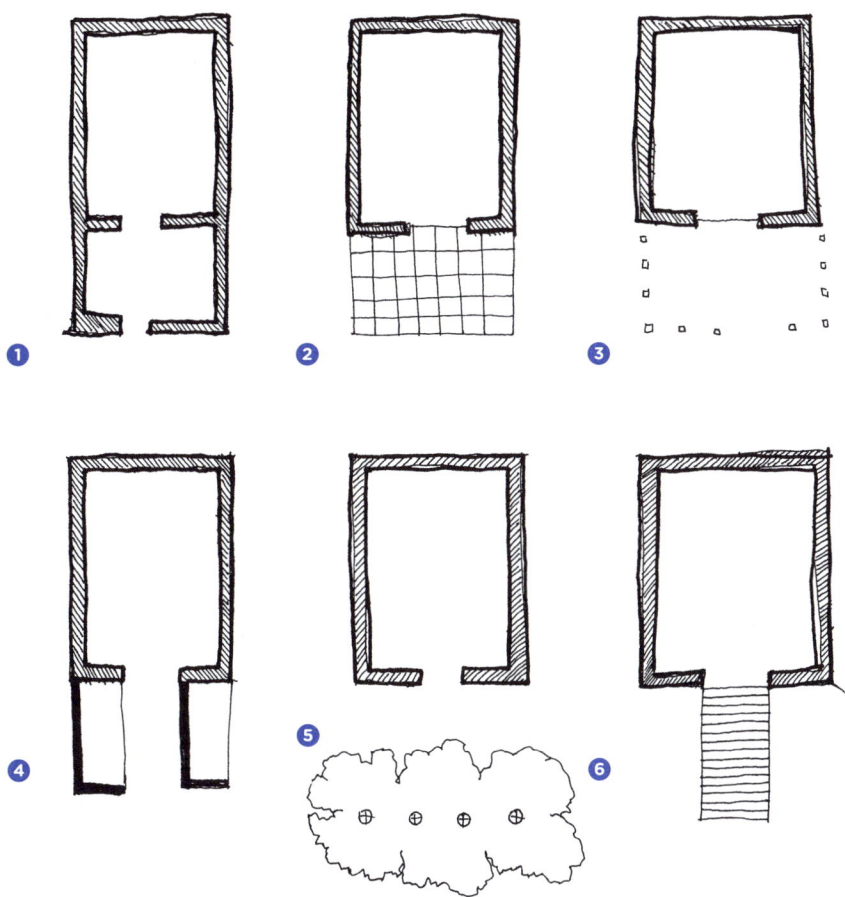

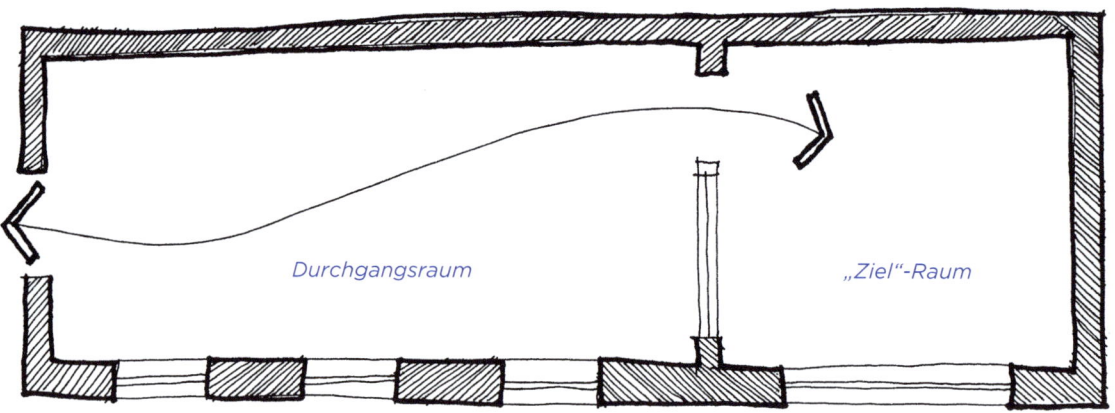

Durchgangsraum

„Ziel"-Raum

DURCHGANGSRÄUME UND „ZIEL"-RÄUME

Durch manche Räume gehen wir nur durch, andere sind das eigentliche Ziel. „Ziel"-Räume strahlen mehr Geborgenheit und Ruhe aus. Sie haben normalerweise nur einen Eingang und / oder Ausgang. Ein Durchgangsraum hat mehr Dynamik, ermöglicht Austausch und Begegnung und dient oft als Mittelpunkt, von dem andere Aktivitäten abzweigen. Wohnzimmer und Schlafzimmer sind meistens „Ziel"-Räume, denn sie sind an Geborgenheit geknüpft. Durchgangsräume sind schwieriger zu planen, da bei ihnen immer eine nicht anderweitig nutzbare Verkehrsfläche zu berücksichtigen ist.

DER SOCKEL

Ein Sockel kann die Bedeutung eines bestimmten Objektes oder Elementes hervorheben und ihm mehr Geltung verschaffen.

❶ In seiner einfachsten Form dient er der Huldigung und besseren Sichtbarmachung eines Artefaktes. Wichtig hierbei ist das Größenverhältnis zwischen Sockel (Postament) und Ausstellungsobjekt. Es empfiehlt sich, den Sockel im unteren Bereich zurückzusetzen, so dass er zu schweben scheint (und die Füße der Betrachter ihm keinen Schaden zufügen).

❷ Es können auch ganze Gebäude auf einen Sockel gesetzt werden. Bei einem Wohnhaus wird dazu das Erdgeschoss erhöht, um einen eindrucksvolleren Eingang, einen besseren Ausblick und mehr Privatsphäre zu ermöglichen.

❸ Bewährt hat sich auch die Kombination „Turmbau und Sockel", die eine niedrigere, eher dem menschlichen Maß entsprechende Straßenfront möglich macht. Das Zurücksetzen des Turmes resultiert in mehr Helligkeit auf Straßenniveau und verleiht dem Sockel eine tragende Wirkung.

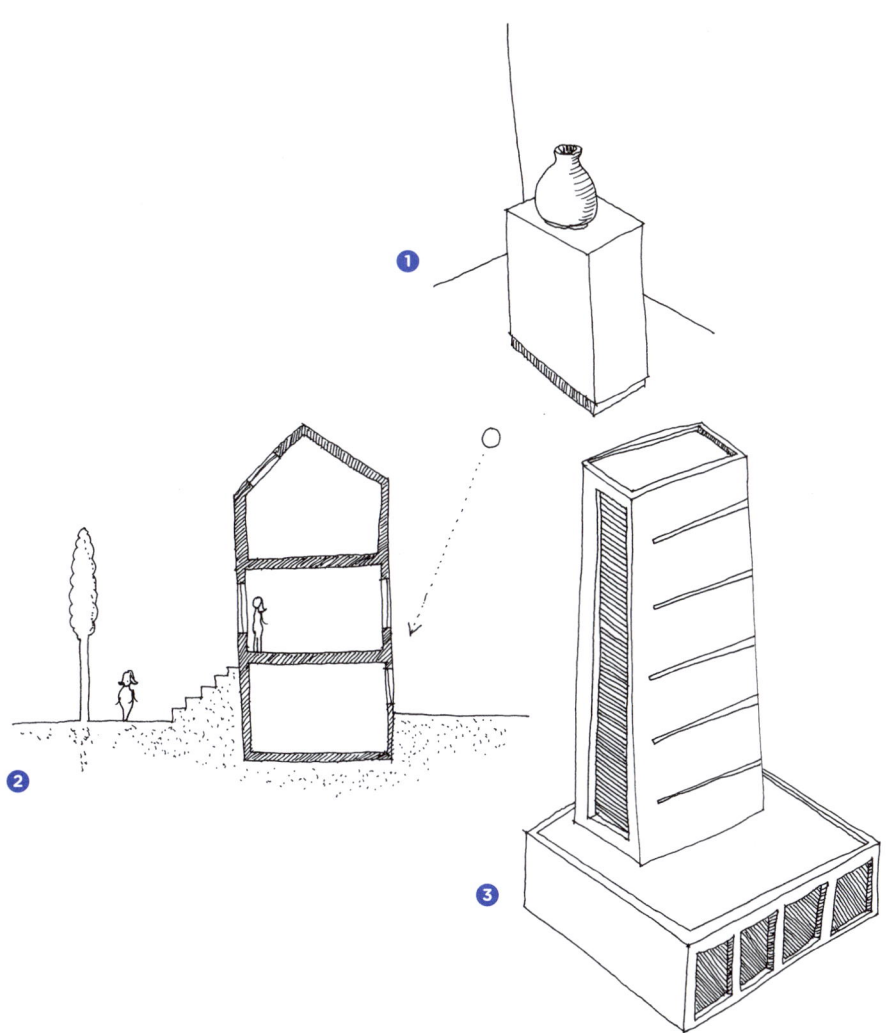

1

2

3

FORM, TECHNOLOGIE UND PROGRAMM

Ein Entwurf kann nur dann von Erfolg gekrönt sein, wenn er Form (Gestaltung), Programm (Funktionen) und Technologie (Umsetzung) behandelt. Wird nur einer dieser Faktoren vernachlässigt, läuft das gesamte Entwurfskonzept Gefahr zusammenzufallen. Ort, Zeit und Gesellschaft bilden den Kontext dafür.

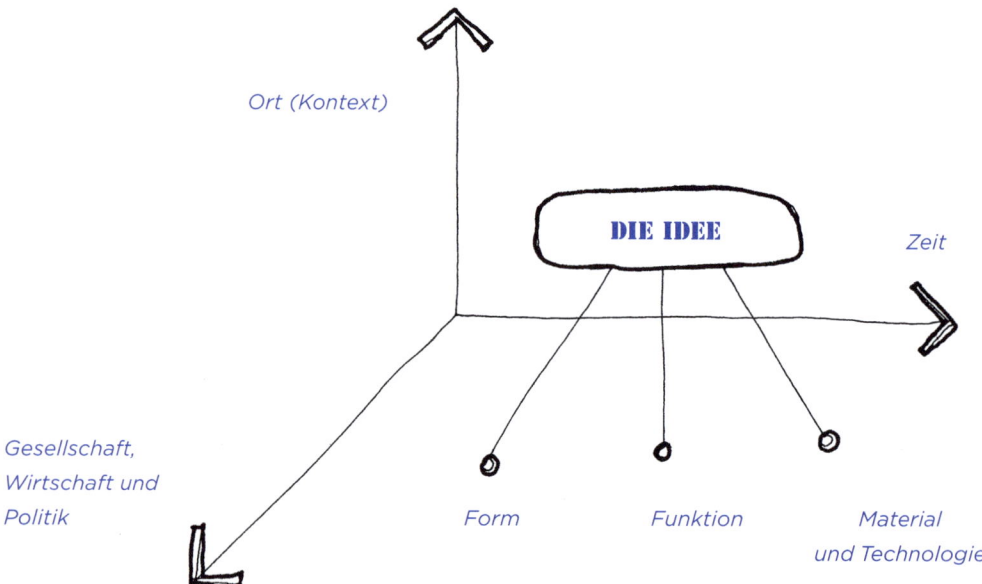

Ort (Kontext)

DIE IDEE

Zeit

Gesellschaft, Wirtschaft und Politik

Form

Funktion

Material und Technologie

KOSTEN, ZEIT, QUALITÄT

Die meisten Architekturaufträge werden von diesen drei Faktoren be-
einflusst. Ihr Auftraggeber kann aber nur zwei von den dreien haben:

Wenn er eine schnelle Fertigstellung bei hoher Qualität wünscht,
wird es sehr teuer.

Will er ein hochwertiges Projekt zu einem guten Preis, werden
Entwurfsphase und Ausführung sehr lange dauern.

Wenn er es günstig und schnell haben will, wird die Qualität leiden.

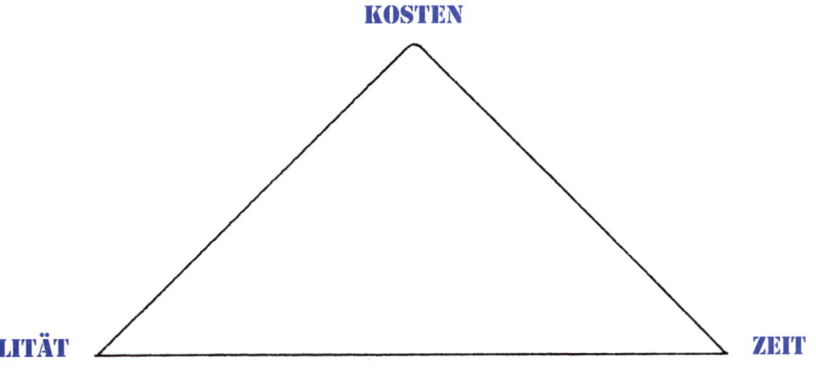

VORANKOMMEN

MÜNDLICHE PRÄSENTATION

Die Korrektur (Kritik) ist ein beängstigender, aber sehr wichtiger Teil der Ausbildung zum Architekten. Planen Sie Ihre Präsentation und üben Sie den Vortrag. Ihre Präsentation sollte eine Geschichte erzählen, während sich die wichtigsten Zeichnungen auf Augenhöhe der Kritiker befinden. Sie müssen auch aus zwei Metern Entfernung noch zu lesen, gut beleuchtet und sorgfältig angeordnet sein – gewellte Ränder oder schlecht angeordnete Blätter sind tabu. Achten Sie darauf, dass Sie Ihre Modelle angemessen präsentieren und alle Ihre Skizzenbücher dabei haben.

Für die Planung digitaler Präsentationen benötigen Sie noch mehr Zeit, damit Ihre Erläuterungen schlüssig sind und Sie beim Zeigen Ihrer Folien nicht vor- und zurückspringen müssen. Hier sind Übersichtlichkeit und Einfachheit der Schlüssel zum Erfolg. Vermeiden Sie es, Ihre Präsentation abzulesen, und verwenden Sie stattdessen Ihre Zeichnungen als Gedächtnisstützen. Treten Sie entschlossen und selbstbewusst auf – sehen Sie Ihren Kritikern in die Augen und versuchen Sie, den Moment zu genießen. Bitten Sie einen Freund oder eine Freundin, die wichtigsten Diskussionspunkte zu notieren, damit Sie sich auch nach der im Anschluss an die Korrektur stattfindenden Party noch daran erinnern können.

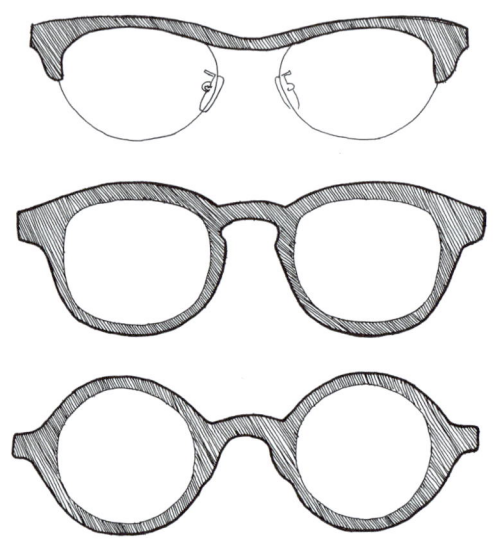

KLEIDUNG UND STIL

Viele Architekten tragen ausschließlich Schwarz. Wie andere Menschen, die sich auch so kleiden (Magier, Bestatter, Geistliche), sind sie ehrwürdig, ernst und mögen Rituale. Schlagen Sie ruhig einen einprägsameren und auffälligeren Weg ein. Denken Sie über Ihr Aussehen und Ihre Kleidung nach. Entwickeln Sie einen unverwechselbaren Stil (oder finden Sie eine Neuinterpretation), der für Sie und Ihr Design steht.

KEINE ARCHITEKTUR OHNE MENSCHEN

Viele talentierte Planer vergessen das oder fallen der Arroganz zum Opfer. Uns sollte immer bewusst sein, dass unsere Entwürfe für Menschen bestimmt sind und wir auch andere Menschen dafür benötigen. Architekten müssen mit einem großen Team zurechtkommen: mit Ingenieuren, bauausführenden Unternehmern und Bauträgern, die alle etwas anderes wollen. Der Tragwerksplaner (Baustatiker) befasst sich normalerweise nur mit dem Tragwerk, den Elektriker kümmert nichts anderes als die Kabelführung und der Kostenplaner beurteilt alles im Hinblick auf die Kosten – der Einzige, der das Ganze im Auge hat, ist der Architekt.

SIE MÜSSEN KLUG UND HÖFLICH, ABER BESTIMMT AUFTRETEN UND MIT VIELEN MENSCHEN GUT ZUSAMMENARBEITEN, DENEN DIE ARCHITEKTUR WENIGER WICHTIG IST ALS IHNEN SELBST.

FÜR DIE FOLGENDEN MENSCHEN SOLLTEN SIE ABER NICHT ARBEITEN ...

Am meisten lernen Sie als Architekt dazu, wenn Sie versuchen, ein Gebäude zu planen. Es werden sich auch Gelegenheiten dazu bieten, aber bei den folgenden Gruppen von Auftraggebern ist Vorsicht geboten:

Ehepaare als Auftraggeber – Sie sollten Ihr Honorar mindestens verdoppeln, denn es wird viel Zeit in Eheberatungsgespräche und das Verhandeln mit beiden Parteien fließen.

Gangster/Nachtclubbetreiber – Mindestens eine wichtige Zeichnung sollten Sie zurückhalten, bis das Honorar vollständig beglichen wurde.

Komplexe Auftraggeber-Gemeinschaften – Ob Sie nun für eine Schule, ein Unternehmen oder einen kommunalen Auftraggeber arbeiten, hier ist häufig mit komplizierten Zuständigkeiten zu rechnen. Finden Sie heraus, wer der Entscheidungsträger ist und akzeptieren Sie Anweisungen nur von einer Person. Vereinbaren Sie unbedingt einen Zeitplan miteinander.

Bauträger, die eine Vor- und Entwurfsplanung im Rahmen einer „Machbarkeitsstudie" wünschen – Vermeiden Sie es, dafür kein Honorar zu berechnen, nur weil man Ihnen weitere Aufträge in Aussicht stellt. Wenn Sie Ihre Arbeit verschenken, ist sie gewissermaßen wertlos, und warum sollten Sie in so einem Fall derjenige sein, der das Risiko trägt?

„Kannst Du nicht mal ..." – diese Formulierung benutzen normalerweise Bekannte, die Sie nur um ein paar Entwürfe für ihren Anbau oder einen klitzekleinen Ratschlag bitten möchten – ihr baufälliges und vom Sommerflieder zugewuchertes Haus betreffend. Natürlich ist es gut, wenn man so nett ist zu helfen, Sie sollten aber Ihren Beruf und Ihre Qualifikation nicht abwerten, indem Sie kostenlos arbeiten. Sie sollten immer ein angemessenes Honorar vereinbaren, über eine Berufshaftpflichtversicherung verfügen und sich vermögende Auftraggeber suchen, die Architektur und das, was Sie in ihr Projekt einbringen können, wertschätzen.

PLANEN SIE ARBEITSPENSUM, ZWISCHENZIELE UND AUSREICHEND FREIZEIT

Ein „Initiationsritus" im Architekturstudium ist das Durcharbeiten: Man verbringt die Nacht im Zeichensaal, um durchgängig an seinem Projekt zu arbeiten, aufgeputscht durch Energy-Drinks und Koffeintabletten. Manchmal wird sogar mehrere Nächte hintereinander durchgearbeitet. Das kann großen Spaß machen, bringt aber meistens nichts. Teilen Sie sich Ihr Arbeitspensum lieber ein, nutzen Sie jede einzelne Stunde effektiv und setzen Sie sich für jeden Tag und jede Woche Zwischenziele. Viele Studenten füllen acht Stunden mit einer Aufgabe, die in zwei Stunden zu bewältigen sein sollte. Jede Stunde im Zeichensaal zu verbringen, ist nicht gesund und auch nicht lange durchzuhalten. Außerdem macht es aus Ihnen einen uninteressanten und unhygienischen Partner im Zeichensaal. Ernähren Sie sich gesund, duschen Sie regelmäßig, gehen Sie joggen, besuchen Sie eine Galerie, pflegen Sie Freundschaften mit Leuten, die nichts mit Architektur zu tun haben. Mehr als zwölf Stunden pro Tag im Zeichensaal zu verbringen, ist ermüdend und Ihrer Entwicklung als Planer und Denker nur abträglich.

WANN FINDET DIE NÄCHSTE KORREKTUR STATT? WIE VIELE TAGE SIND ES NOCH BIS DAHIN UND WIE VIELE ZEICHNUNGEN UND/ODER MODELLE MÜSSEN SIE PRO TAG SCHAFFEN?

WO STEHEN SIE?

Es ist gut möglich, dass Sie keinem der in diesem Buch genannten Argumente zustimmen können und reichlich Gegenargumente finden.

STELLEN SIE ALLES IN FRAGE, FOLGEN SIE NICHT EINFACH BLIND DEN TRENDS DER ZEIT ODER VORHERRSCHENDEN DOGMEN. BILDEN SIE SICH EINE MEINUNG UND STEHEN SIE SELBSTBEWUSST DAZU.

REGISTER

DANKSAGUNG

Das meiste dessen, was in diesem Büchlein steht, habe ich von meinen Lehrern und Architekten, Technologen und Auftraggebern gelernt, die mir im Rahmen meiner Arbeit begegnet sind.

Ich danke insbesondere Souymen Bandyopadhyay, Stephen Bell, Jack Dunne, James Burke, David Dunster, Mike Knight, Barry Lewis, Bill Lowe, Emma Mitchell, Ian Nahapiet, Robert Plant, David Roocroft, Anja Schade, Torsten Schneiderknecht, Ola Uduku und Anas Younes.

ARCHITEKTUR MACHT MAN NICHT ALLEIN. LERNEN SIE, MIT ANDEREN ZUSAMMENZUARBEITEN, UND VERGESSEN SIE NIE, DIE HILFE, DIE IHNEN ZUTEIL WIRD, WERTZUSCHÄTZEN. ES GIBT SEHR WENIG WIRKLICH NEUE IDEEN - DAS MEISTE SIND NUR THEMATISCHE VARIATIONEN UND BESTENFALLS KLEINE WEITERENTWICKLUNGEN.